JN437015

연구논문 작성법

김수잔 지음

도서출판 두남

◆ 머리말 ◆

저자는 한국체육대학교의 연구지원으로 본 가이드북을 준비하였으며, 대상은 양적 조사를 토대로 석사학위논문을 작성하는 저자의 지도원생들이었다. 그러므로 상당의 내용은 스포츠산업경영이나 스포츠마케팅 전공분야에서 가장 많이 실시하고 있는 양적 설문지 조사에 중점을 두고 있다. 하지만 가이드북은 타 전공분야의 논문을 작성하는 데 있어서 도움이 될 것이라고 믿는다. 다만 염두하여야 할 점은 대학교에 따라 선호하는 양식이 있고, 같은 대학교에서도 교수에 따라 선호하는 양식이 있다는 점이다.

따라서 가이드북에서 제시하는 양식은 절대적인 것이 아니므로 논문을 준비하는 대학원생은 가이드북을 지도교수가 지도한 다른 학위논문과 비교하면서 사용해야 할 것이다. 또한 본 가이드북은 완전하지 않다. 특히, 통계보다 논문작성에 초점을 두고 있기 때문에 통계는 기초적인 것만 소개하고 있다.

2014. 5. 26

김 수 잔

◆ 시 | 논문 ◆

지은이 김수잔

바쁘다는 핑계로
작성 안하고 있지만
언제 한가해지겠는가...

시간이 많이 남았다고
안심하고 있지만
시간은 너무도 빨리 흐른다

남의 논문은 보았어도
직접 써보지 못했으니
많은 시간이 요구됨을
바보 같이 모르는구나

만기일자가 다가오면
준비는 물론 하겠지만
계속 바쁘지는 않을까?

무리한 나머지
피로가 쌓였다 하더라도
평생 따라 다닐 논문이라
욕심이 생기는구나

결국 오기로 완성시키지만
후회는 계속 남는다
틈틈이 시간 내어 준비하였다면
얼마나 좋았을까...

◆ 목 차 ◆

논문구성

학위논문의 구성과 순서는 다음과 같다.

논문속표지

제출서

인준서

국문초록

감사의 글

목차
표목차
그림목차

Ⅰ. 서론

1. 연구의 필요성
2. 연구의 목적
3. 변인 및 가설
4. 용어의 정의
5. 연구의 범위
6. 연구의 제한점

Ⅱ. 연구방법

1. 연구대상
2. 조사도구
3. 조사절차
4. 자료처리

Ⅲ. 결과 및 논의

1. 결과
2. 논의

Ⅳ. 결론 및 제언

1. 결론
2. 제언

참고문헌

설문지

영문초록

논문규격

용지크기 : B5

제출버전 : 한컴오피스

글자크기 : 본문 11p, 큰제목 12p, 소제목 11p

글자모양 : 신명조

줄 간 격 : 200%

여　　백 : 위, 아래(30mm), 좌(30mm), 우(20mm)
머리말, 꼬리말(15mm)

쪽 번 호 : 서론 전까지 쪽 번호는 '-i-'의 로마자 형태로 나타내고
본문에는 '-1-'의 아라비아 숫자 형태로 나타낸다.

논문주제

1. 아이디어 모색

1) 같은 분야의 선행연구에서 연구대상인 단체를 바꾼다.

① 프로야구 관련 연구를 프로축구 관련 연구로 유사하게 실시

② 특정 스포츠시설에 관한 연구를 다른 스포츠시설에 관한 연구로 유사하게 실시(예. 사설스포츠센터를 공공스포츠센터로, 탁구장을 검도장으로)

2) 같은 분야의 선행연구에서 연구대상인 단체를 유지하고 구성원을 바꾼다.

① 태권도 도장의 수련생을 대상으로 한 연구를 학부모를 대상으로 실시

② 대학생을 대상으로 한 연구를 다른 연령으로 확대하여 실시

3) 선행연구에서 '중요하지만 조사되지 않은' 요인이나 변인을 연구모형에 새로 추가한다.

① '체육입시학원의 서비스품질이 수련생 만족도에 미치는 영향'의 선행연구에 '지도자와 수련생 간의 관계'를 새로운 품질요인으로 추가

② '스폰서십활동이 기업이미지에 미치는 영향'의 선행연구에서 '후원기업과 후원단체의 관련성'을 매개변인으로 추가

4) 선행연구에서 제안하는 후속연구를 살펴본다.

5) 선행연구와 다른 관점에서 특정 변수를 구성하여 연구한다.

스포츠센터의 서비스품질을 유형성, 신뢰성, 대응성, 확신성, 공감성의 5가지 요인으로 구성하여 연구한 것을 프로그램, 지도자, 시설, 운영방법으로 구성하여 연구

6) 선행연구의 조사방법을 보완한다.

① 질적 조사를 양적 조사로 실시
② 선행연구의 측정도구를 보다 타당하고 신뢰도 높게 구성
③ 선행연구보다 더 정확한 통계방법으로 분석을 실시

7) 여러 구성요인 중 한 개의 요인을 집중적으로 깊게 연구한다.

스포츠센터 만족도에 영향을 미치는 서비스품질요인(시설, 지도자, 프로그램, 운영 등) 중 지도자 요인에 집중하여 세부적으로 분석을 실시

8) 타 분야에서 실시한 연구를 스포츠에 적용한다.

① 일반기업을 대상으로 한 연구를 스포츠센터를 대상으로 실시
② 일반의류를 대상으로 한 연구를 스포츠의류를 대상으로 실시

9) 현장에서 해결하고자 하는 문제 혹은 현장인에게 필요한 정보를 파악한다.

2. 선정 시 고려할 점

1) 주제에 대해 아는 것이 있는가?

많이 알수록 설문지 작성, 결과 해석 및 논의가 더 쉽다.

2) 관심 있어 하는 주제인가?

장기간 동안 논문을 준비할 때 흥미를 유지하도록 한다.

3) 관련 선행연구가 있는가?

많을수록 이론적 배경을 쓰는 것이 더 쉽다. 특히 가설의 설정을 위한 이론적 근거를 제시하는 것이 용이해진다. 또한 논의에서 결과를 뒷받침해줄 수 있는 선행연구를 제시하는 것도 용이해진다.

4) 자료수집을 위한 연구대상의 접근이 용이한가?

스포츠센터 방문을 통해 다수 회원을 쉽게 접근할 수 있겠으나, 다수 지도자는 상대적으로 접근이 어렵다. 이 같이 접근이 어려울수록 자료수집 위해 소비하는 시간은 길어진다.

5) 이론적으로 또는 현장에 도움이 될 만 한 연구인가?

6) 문제의 범위가 너무 작거나 크지 않는가?

논문제목

1. 길이 : 20단어 이내로 설정한다.

2. 기입형태

한 줄 이상일 경우 역삼각형으로 기입한다.

바람직하지 않은 양식

마라톤대회 참가자의 세분집단에 따른
대회운영요소에 대한 만족도 및 재참가의도의 차이

바람직한 양식

마라톤대회 참가자의 세분집단에 따른 대회운영요소에
대한 만족도 및 재참가의도의 차이

3. 구성내용

① 2개 이상의 연구변인들이 나타나야 한다. 따라서 '스포츠센터 회원의 서비스 만족도'라는 제목은 적합하지 않다. 왜냐하면 서비스 만족도라는 하나의 변인만 제시하고 있기 때문이다.
② '~에 관한 연구'로 기술하지 않는다.
③ 보통 다음 두 가지 양식으로 분류한다.

양식 1 변인A에 따른 변인B의 차이

양식 2 변인A가 변인B에 미치는 영향 = 변인A와 변인B 간의 관계

인 준 서

1. 심사위원장, 심사위원 순으로 기입한다.

2. 심사위원장과 심사위원의 글자간격을 같게 하는 것이 좋다.

심 사 위 원 장 → 심사 위원장
심 사 위 원 심 사 위 원

3. 심사위원들이 이름을 기입할 공간은 넉넉하게 한다.
(대학교에 따라 밑줄을 사용하지 않는 경우가 있다)

심사 위원장 ______(인) → 심사 위원장 ____________(인)
심 사 위 원 ______(인) 심 사 위 원 ____________(인)

4. 인준서 기준은 심사가 실시된 시기가 아닌 졸업시기이다.

5. 페이지 번호는 나타내지 않는다.

국문초록

1. 초록의 목적

① 연구의 핵심내용을 요약한다.
② 전체 논문을 볼 것인가를 결정하도록 도움을 준다.

2. 연구목적

양식) 본 연구는 ~ 을 구명하는데 그 목적이 있다.
본 연구의 목적은 ~을 구명하는 것이다.

3. 연구대상

선정 지역, 집단, 기준, 인원수, 표집방법을 제시한다.

1) 양식

이러한 목적을 달성하기 위하여 연구대상으로 선정지역에 소재하는 몇 곳의 선정장소에서 어떤 조건을 갖춘 총 몇 명의 선정집단을 무슨 표집방법으로 선정하였다.

2) 양식의 활용

이러한 목적을 달성하기 위하여 연구대상으로 서울 및 경기지역에 소재하는 10곳의 스포츠센터에서 최소한 3개월 이용경력이 있는 총 200명의 회원을 편의표집방법으로 선정하였다.

4. 조사도구

조사도구를 제시한다.
양식) 조사도구로 설문지를 이용하였다.

5. 자료처리

통계패키지 프로그램과 분석방법을 제시한다.
양식) 자료분석을 위해서 PASW 통계패키지 프로그램(버전 18.0)을 이용하여 ~분석을 실시하였다.

6. 결과

1) 결과 안내

다음은 연구의 결과들이다. 첫째, ~. 둘째, ~. 셋째, ~. 넷째, ~.
연구의 결과들은 다음과 같다. 첫째, ~. 둘째, ~. 셋째, ~.

2) 결과 기입

양식1) 성별에 따라 부분적으로 고객만족도에 차이가 있는 것으로 나타났다.
양식2) 성별에 따라 지도자와 시설에 대한 만족도에 차이가 있는 것으로 나타났으나 프로그램에 대한 만족도에는 차이가 없는 것으로 나타났다.
양식3) 여자가 남자보다 지도자와 시설에 대한 고객만족도가 높은 것으로 나타났다.

7. 주요어

① 사람들이 어떤 단어로 검색하여 해당 내용의 논문을 찾으려 할 것인가를 고려하여 주요어를 선정한다.
② 주요어는 8개 단어를 초과하지 않도록 한다.

8. 쪽 번호와 쪽 수

① 쪽번호를 로마자(i)로 나타낸다.

② 1쪽 이내로 작성하는 것이 바람직하지만 논문제목, 이름, 소속까지 기입하는 과정에서 1쪽 이상으로 넘어가는 경우가 많다.

9. 양식

국문초록

제 목

성명
OO 대학원
OO 전공

~~~~~~

주요어:

-i-
~~~~~~

감사의 글

1. 감사의 대상

자신의 논문을 작성하는데 있어서 어떤 분들이 어떤 도움을 주었는지를 언급하면서 감사를 표현한다.

1) 직접적 도움을 주신 분

① 지도교수 및 심사위원
② 평정척도의 타당성 검증에 참여한 사람
③ 설문지 배포와 회수에 도움을 준 사람
④ 통계분석에 도움을 준 사람

2) 간접적 도움을 주신 분

① 작업할 수 있도록 배려하여 준 직장의 상사와 동료
② 관심과 사랑으로 격려해 준 가족, 이성 친구, 대학원 동료 등

2. 쪽번호를 국문초록에 이어서 로마자(i)로 기입한다.

목차 만들기 기능

목차 만들기 기능을 이용하면 제목을 직접 입력할 필요가 없다. 또한 추후 본문 수정으로 인해 쪽번호가 바뀔 때 목차에서 쪽번호를 일일이 바꿀 필요 없이 자동으로 바뀌지게 된다.

다음은 한컴 한글 2007 버전에 해당하는 목차 만들기 방법이다.

① 논문에서 목차에 넣을 소제목마다 뒤에 커서를 놓고 **'Ctrl + K + T'**를 누른다.

② 메뉴에서 **도구, 차례/찾아보기, 차례만들기** 순으로 클릭한다.

③ 만들 차례에서 **제목차례**와 **차례코드 모으기** 체크하고, 탭 모양에서 **오른쪽 탭**을 체크한 후 채울 모양 박스 안에 '점선'을 지정하고 **만들기**를 클릭한다.

◆ **유의사항**: 목차 대신, 표 목차와 그림 목차를 작성하고자 한다면, 위 ③ 단계에서 제목차례 대신 표차례와 그림차례를 체크한다.

제목 목차

1. 제목

① 먼저 국문초록, 감사의 글, 표목차, 그림목차를 언급 순으로 진하게 기입한다.

② 다음으로 본문에서 나타나는 큰제목과 소제목을 순서대로 일치하게 기입한다. 이중 각 단원의 제목을 크게 그리고 진하게 나타내며 필요시 3단계까지 기입한다.

I.
  1.
    1)

③ 모든 제목은 가능하면 한 줄로 기입한다.

④ 마지막으로 참고문헌, 부록, 영문초록을 언급 순으로 진하게 기입한다.

2. 쪽번호

① 목차에서 나타나는 쪽번호와 본문의 쪽번호는 동일해야 한다.

② 쪽번호는 동일하게 오른쪽 끝에 나타낸다.

③ 감사 글에 이어서 로마자로 기입한다.

3. 양식

목 차

표와 그림 목차

1. 목차(차례), 표 목차(차례), 그림 목차(차례)로 동일하게 명명한다.

2. 논문에서 나타나는 표와 그림의 제목을 순서대로 동일하게 기입한다.

3. '표#'가 아닌 '표 #', '그림#'가 아닌 '그림 #'로 띄어쓰기 하며 기입한다.

4. 제목은 쪽번호가 나타나는 위치까지 나타나지 않도록 한다. 두 번째 줄은 첫 줄의 제목이 시작하는 위치에서 시작하도록 한다.

<u>바람직하지 않은 양식</u>

표 10. 모델특성이 기업이미지 및 브랜드이미지에 미치는 영향에 관한
다중회귀분석 결과 ··· 70

표 10. 모델특성이 기업이미지 및 브랜드이미지에 미치는 영향에
관한 다중회귀분석 결과 ··· 70

<u>바람직한 양식</u>

표 10. 모델특성이 기업이미지 및 브랜드이미지에 미치는 영향에
관한 다중회귀분석 ··· 70

5. 목차에서 나타나는 쪽번호와 본문의 쪽번호가 동일해야 한다.

6. 쪽번호를 로마자(i)로 기입한다.

문장 작성 시 고려할 사항

① **표　절**: 다른 문헌의 내용을 읽고 그대로 옮겨 쓰지 않고 이해한대로 정리하여 쓴다.

② **명확성**: 내용을 쉽게 이해할 수 있도록 한다.

③ **간략성**: 가능하면 문장을 너무 길게 쓰지 않는다. 특히 불필요한 내용을 생략한다.

④ **논리성(연관성)**: 이어지는 단락(문장)의 내용이 서로 연관되어야 한다.

⑤ **연결성**: 필요시 '따라서', '그러므로', '한편', '또한' 등의 말로 문장을 부드럽게 연결시킨다.

⑥ **정확성**: 문법, 오타, 양식, 출처 등이 맞는지를 체크한다.

⑦ **구체성**: 다른 사람이 모방할 수 있을 정도의 구체성이 요구된다.

⑧ **일관성**: 같은 의미를 가지고 있다 하더라도 특정 단어를 동일하게 사용한다.
예) 행사와 이벤트, 후원과 스폰서십, 시합과 경기 등

⑨ **객관성**: '나'와 '우리'의 사용을 피하고 '저자'나 '연구자'로 표현한다. 또한 태도나 감정을 드러내지 않는다.

⑩ **단락구성**: 한 개 문장으로 한 개 단락을 구성하지 않는다.

서 론

1. 작성요령

학위논문의 서론을 작성하기 위해서 기존 학위논문의 서론을 보는 경향이 있다. 본 저자는 학위논문보다 엄격한 심사과정을 통과한 학술지 논문의 서론을 많이 읽을 것을 권한다. 다만 아래 구성내용을 먼저 인지하고 서론에서 구분할 수 있어야 한다.

2. 구성내용(절대적인 양식이 아님)

① 발전 및 현황을 요약
② 주제와 관련되는 중요한 상황을 기술
③ 상황과 관련되는 문제점을 제시
④ 문제를 극복하기 위해 필요한 활동을 제시
⑤ 필요한 활동으로 연구의 필요성을 제시
⑥ 필요한 연구와 관련 있는 연구변인을 제시
⑦ 연구변인 관련 선행연구를 기술
⑧ 선행연구의 한계점을 제시
⑨ 한계점을 보완할 수 있는 새로운 연구의 필요성을 제시

3. 내용 흐름의 사전 구상

어떠한 내용과 흐름으로 서론을 쓸 것인가를 미리 생각하고 접근하는 것이 효율적이다. 또한 처음부터 구두로 발표할 내용이라고 생각하고 준비를 한다면 내용은 타인에 의해 더 쉽게 이해할 수 있는 표현으로 이루어질 것이며, 구두로 발표하기 위한 준비도 수월할 것이다.

1) 발전 및 현황

스포츠산업의 성장 → 스포츠분야 전문인력의 수요증가 → 체육계열 학과의 증가 → 대학별 상이한 실기시험의 시행 → 실기교육과 정보의 입수 필요성

2) 주제와 관련되는 중요한 상황

실기고사를 준비하기 위한 일선 학교의 역할 부족(부족한 이유 포함) → 체육대학 입시를 위한 사설 학원의 출현

3) 상황과 관련되는 문제점: 체육입시학원의 경쟁 치열성

4) 문제를 극복하기 위해 필요한 활동: 경쟁력 강화를 위한 고객만족의 필요성

5) 필요한 활동에 관한 연구의 필요성

입시준비생의 만족에 영향을 미치는 요인 파악의 필요성

◆ **유의사항**: 연구의 필요성을 제시하는 자료들을 인용한다.

6) 필요한 연구와 관련 있는 연구변인

선행연구에 의해 만족도에 영향을 미친다고 나타나는 요소로 서비스품질을 언급

◆ **유의사항**: 두 개 이상 변인들 간에 관계가 있음을 강조한다.

7) 연구변인과 관련 있는 선행연구의 기술

선행연구에 의한 서비스품질의 분류 → 선행연구에 의해 만족도에 영향을 미친다고 나타난 세부 서비스품질 요인의 제시

◆ **유의사항**: 필요시 변인들을 정의하며 대상이 다른 선행연구도 인용 가능하다.

예) 체육입시학원에 대한 논문이라고 반드시 체육입시학원의 서비스품질이 고객만족에 영향을 미친다고 주장하는 선행연구를 인용해야 하는 것은 아니다. 타 스포츠시설의 서비스품질이 고객만족에 영향을 미친다고 주장하는 선행연구를 이론적 근거로 체육입시학원의 서비스품질이 고객만족에 영향을 미칠 수 있다는 가설을 설정할 수 있다.

8) 선행연구의 한계점

만족도에 영향을 미치는 서비스품질을 구명하는 연구의 미흡 → 유사제목의 선행연구는 소수 인원을 대상으로 면접조사를 수행 → 중요한 관계요인을 만족요인으로 포함하여 조사하지 않음

◆ **유의사항**: 관련 선행연구가 없는 것을 연구의 필요성으로 제시하는 것은 바람직하지 않다. 연구가 필요하지 않기 때문에 이루어지지 않았을 수도 있기 때문이다. 오히려 연구의 필요성을 충분히 제시한 다음 그럼에도 불구하고 관련 선행연구가 없다고 주장하는 것이 더 설득력이 있다.

9) 선행연구의 한계점을 보완할 수 있는 새로운 연구의 필요성

연구목적

1. 문장양식

① 본 연구는 ~을(를) 구명하는데 그 목적이 있다.
② 본 연구의 목적은 ~을(를) 구명하는 것이다.

2. 문장내용

보통 두 개 이상 변인들 간의 관계를 규명하는 것으로 진술한다.
① 변인A에 따른 변인B의 차이를 구명
② 변인A가 변인B에 미치는 영향을 구명

3. 연구 의의

연구의 목적을 기입한 후 연구의 의의를 주로 '이에 따라 누가 무엇을 하는데 있어서 도움이 될 기초자료를 제공하고자 한다'의 양식으로 기입한다. 주의할 점은 해당내용을 연구의 목적으로 기입하지 않는 것이다.

바람직하지 않은 양식

본 연구는 회원의 만족도에 영향을 미치는 요소들을 알아보고 이에 따라 스포츠센터의 서비스를 향상시키는데 그 목적이 있다.

바람직한 양식

본 연구는 회원의 만족도에 영향을 미치는 요소들을 알아보는데 그 목적이 있고, 이에 따라 스포츠센터의 서비스를 향상시키는데 있어서 경영진에게 도움이 될 기초자료를 제공하는데 의의를 두고 있다.

연구질문

1. 내용과 형태

두 개 이상 변인들 사이의 관련성을 아래 질문의 양식으로 제시한다.

① 첫째, 변인A에 따라 변인B에는 차이가 있는가?
둘째, 변인A가 변인B에 영향을 미치는가?

② 첫째, 변인A에 따른 변인B의 차이는 무엇인가?
둘째, 변인A가 변인B에 미치는 영향은 무엇인가?

2. 기입순서와 안내

연구목적 다음으로 기입하며 아래와 같이 안내한다.

예) 이러한 연구목적을 달성하기 위하여 본 연구에서 구체적으로 답하고자 하는 연구문제는 다음과 같다.

◆ **유의사항**:

① 연구문제의 개수와 연구가설의 개수는 동일해야 한다.

② 한국체대의 논문에서는 '연구의 질문'을 '연구의 목적'과 통합하여 기술하고 있다.

연구변인

1. 변인(Variable)의 정의

2개 이상의 값 또는 속성을 지니고 있는 것을 의미한다.

예) 성별은 남자와 여자의 두 가지 속성으로 답할 수 있는 변인이고, 운동경력은 몇 개월을 나타내는 수치로 답할 수 있는 변인이다.

2. 변인의 유형

① **독립변인**: 영향을 미치는 변인을 의미한다.
② **종속변인**: 영향을 받는 변인을 의미한다.
③ **매개변인**: 한 변인으로부터 영향을 받는 동시에 다른 변인에게 영향을 미치는 변인이다.

독립변인		매개변인		종속변인
서비스품질	→	만족도	→	재구매의도

◆ **유의사항**: 연구에서 매개변인은 반드시 필요한 것은 아니다. 하지만 매개변인이 없는 연구는 매우 단순하게 보이기 때문에 대부분의 연구자들은 매개변인의 설정을 선호한다.

3. 변인의 제시

연구의 독립변인, 매개변인 및 종속변인이 무엇인가를 언급하며 변인들간의 관련성을 나타내는 연구모형을 그림으로 나타낸다.

연구가설

1. 연구가설과 연구질문 간의 차이

연구가설은 연구질문보다 구체적인 방향성을 나타낸다.
① 연구질문: 직무만족에 따라 조직시민행동에는 차이가 있는가?
② 연구가설: 직무만족이 높을수록 조직시민행동은 높을 것이다.

2. 기입순서

연구가설을 연구질문의 기입순서와 동일한 순서로 기입한다.

3. 기입양식

① 만약 방향을 예측할 수 없다면, 가설을 다음과 같이 기입한다.
H1: 직무만족에 따라 조직시민행동에는 차이가 있을 것이다.
② H는 Hypothesis(가설)에서 따 온 것이고, 1은 첫 번째 가설임을 의미한다.
③ 가설과 하위가설을 다음과 같이 기입하는 경우도 있다.

예) 가설 1.
1-1.

4. 이론적 근거의 제시

만약 'A가 B에 영향을 미칠 것이다.'라는 가설을 설정하고자 한다면, 대상이 다를지라도 A가 B에 영향을 미친다고 주장하는 선행연구들을 인용하여 이론적 근거로 제시한다.

용어의 정의

1. 정의가 필요한 용어

① 연구에서 사용하는 전문 용어
② 사람에 따라 다르게 해석될 수 있는 용어

2. 정의 유형

① 개념적(사전적) 정의

용어가 무엇을 의미하는지를 진술하는 내용으로 기존 자료에서 연구자의 의도와 가장 가까운 정의를 인용한다.

② 조작적 정의

연구자의 의도에 따라 개념을 관찰하고 측정할 수 있는 수준으로 정의하는 것을 의미한다.

3. 기입방법

① 가능하면 개념적(사전적)정의와 조작적 정의를 언급 순으로 모두 기입한다.

예) 신뢰성: 정보원이 커뮤니케이션의 주제와 관련된 지식, 기술 그리고 경험을 가졌고 편견 없는 의견과 객관적인 정보를 제공해 줄 것이라고 믿는 수신자의 인식정도를 의미한다(Belch & Belch, 1990). 본 연구에서는 광고에서 나타나는 스포츠스타의 특정 제품에 대한 주장을 소비자가 믿는 정도를 의미한다.

② '의미한다'로 정의를 마무리 한다.

③ 다음의 양식으로 기입한다.

1) 만족도

~~~~~~.

2) 기업이미지

~~~~~~.

4. 기입순서

A와 B에 대한 정의를 하고자 하는데 B의 정의에서 A를 언급해야 할 경우 A를 먼저 정의한다.

5. 유의할 점

정의하고자 하는 변인이 A라면 아래와 같이 정의에서 A를 언급하지 않도록 주의한다.

만족도: 스포츠센터의 서비스에 대한 회원의 **만족도**를 의미한다.

연구의 제한점

1. 의미

통제할 수 없었거나 연구를 다루기 쉬운 범위로 한정함으로서 결과를 일반화하는데 있어 문제가 될 수 있는 약점(Limitations)들을 의미한다.

2. 분류

① 연구대상의 선정지역에 따른 제한점 → 서울 주민으로 한정
② 연구대상의 선정장소에 따른 제한점 → 한 곳에서 선정
③ 연구대상의 선정인원에 따른 제한점 → 소수 인원 선정
④ 연구대상의 선정조건에 따른 제한점 → 대학생으로 한정
⑤ 연구변인의 구성항목에 따른 제한점 → 여러 요인 중 시설로 한정

3. 제한점의 표현방법

연구대상을 _______로 한정(선정)하였기 때문에 연구결과를 __________로 일반화하는 데에 주의가 요구된다.

예 1) 연구대상을 서울 소재 스포츠센터 회원으로 한정하였기 때문에 연구결과를 전국의 스포츠센터 회원으로 일반화하는 데에 주의가 요구된다.

예 2) 연구대상을 선수로 한정하였기 때문에 연구결과를 일반 참여자로 일반화하는 데에 주의가 요구된다.

이론적 배경

1. 목적

이론적 배경(Review of Literature)은 연구의 질문에 대한 답을 찾는 것에 중점을 두고 문헌을 고찰하는 과정에서 발견한 주요 내용들을 정리하는 것이다. 이에 따라 설정한 연구의 가설에 대한 이론적 근거를 제시하는 것이다.

2. 구성내용

아래 구성내용은 절대적이지 않으며 완전하지 않다. 단순히 지침이 될 수 있는 구성방법을 제시하고 있다.

1) 안내말

① 소제목 없이 기입한다.
② 어떤 주제에 대해 관심을 가지고 문헌조사를 실시하였는지를 제시한다.
③ 문헌조사에서 사용한 자료의 유형을 제시한다.
④ 이론적 배경을 크게 어떻게 구성하였는지를 제시한다.

2) 주제에 대한 전반적 사항의 기술

발전 및 현황 → **예)** 태권도 도장의 발전과 현황

3) 주제관련 문제에 대한 논의

① 문제와 발생원인 → **예)** 치열한 경쟁상황에 따른 고객유치의 어려움
② 문제해결의 중요성
 - 문제해결 시 기대되는 효과 → **예)** 경쟁력 강화에 따른 생존

– 문제 미해결이 초래하는 상황 → **예)** 경쟁력 약화에 따른 폐업

③ 문제해결 위한 노력 또는 방안 → **예)** 고객만족 증대

4) 종속변인(문제해결 관련 변인)에 대한 논의

① 정의 → **예)** 고객만족이란...

② 관련 이론 → **예)** 고객만족이 재구매와 추천의도에 미치는 영향

5) 종속변인에 영향을 미치는 독립변인에 대한 논의

① 정의 → **예)** 서비스품질이란

② 관련 이론 → **예)** 서비스품질의 다차원성
다차원적으로 분류하는 여러 가지 방법
선행연구에서 조사한 도장의 서비스품질 요인

6) 독립변인과 종속변인들의 관계 제시

① 최근의 선행연구들을 중심으로 한다.

② 선행연구와 본 연구의 대상은 동일하지 않을 수 있다.

예) 태권도 도장의 서비스품질이 고객만족도에 미치는 영향을 조사하고자 한다면 서비스품질이 고객만족도에 영향을 미친다는 결과를 나타내는 선행연구를 이론적 근거로 제시해야 한다. 이때 기존의 선행연구가 태권도 도장이 아닌 다른 스포츠시설 또는 비스포츠시설에 관한 것이라도 사용가능하다는 것이다.

③ 여러 선행연구를 기술할 경우 발행년도 순으로 한다.

④ 단순히 어떤 제목의 연구가 누구에 의해 언제 수행되었는가를 기입하지 말고 누가 언제 누구를 대상으로 무슨 연구를 하였고 무슨 결과를 나타

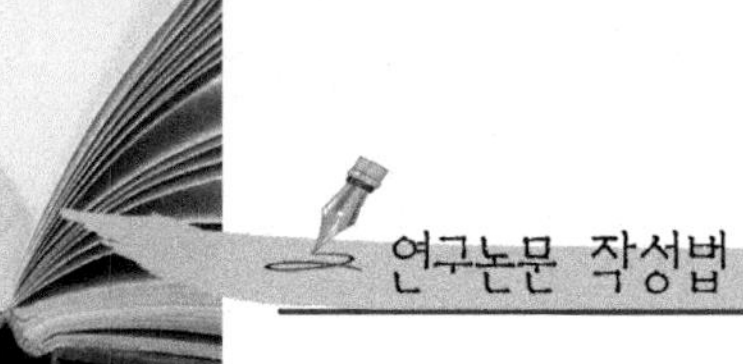

냈는지를 기술한다.

⑤ 선행연구에서 나타난 여러 결과 중 본인의 연구와 연관되는 결과만 제시한다.

⑥ 결과들 간의 불일치점과 원인을 논의한다.

7) 본 연구의 수행을 위해 고려할 점

① 선행연구에서 조사하지 않은 새로운 변인의 조사 필요성을 논의한다.

예) 태권도 도장이 서비스품질 요인으로 핵심 프로그램(예, 품새, 겨루기, 격파, 발차기 등)에 대해서만 조사하였다면 확장 프로그램(예, 학교체육, 실내 이벤트, 견학 등)에 대한 연구의 필요성을 논의한다.

② 선행연구의 기타 문제점과 보완 방법을 논의한다.

간접 인용

1. 의미

간접 인용은 남의 말을 원문 그대로 인용하지 않고 이해한대로 표현을 바꾸어 기입하는 것을 의미한다.

2. 필요 경우

1) 선행연구의 결과 기술

예) 배두열(2010)은 태권도 도장의 고객만족에 영향을 미치는 요인으로 제품, 가격, 촉진 및 지도자로 주장하였다.

2) 통계치의 기입

예) 전년 동기간 여성 아웃도어 매출액 비교 시 41% 이상 판매 상승을 보였다(박시은, 2013).

3) 개념적 정의의 기입

예) 감성마케팅은 고객 자신이 소중하게 여겨지고 배려 받는다고 느끼게 하는 노력을 의미한다(유천규, 2003).

3. 양식

1) 한 개 국내 문헌의 인용

(1) 한 명의 저자

① ~~~~~~문장~~~~~~(저자, 년도).

~~~~~~문장~~~~~~(김수아, 2010).

② 저자(년도)에 의하면, ~~~~~~문장~~~~~~.
김수아(2010)에 의하면, ~~~~~~문장~~~~~~.

◆ **유의사항**: 바람직하지 않게 아래와 같이 문장을 점으로 마무리하고 뒤에 인용한 문헌을 기입하는 경우가 있다.

~~~~~~문장~~~~~~. (저자, 년도)

(2) 두 명의 저자

① ~~~~~~문장~~~~~~(저자1, 저자2, 년도).
~~~~~~문장~~~~~~(김수아, 김은영, 2010).

② 저자1과 저자2(년도)에 의하면, ~~~~~~~문장~~~~~~.
김수아와 김은영(2010)에 의하면, ~~~~~~문장~~~~~~.

◆ **유의사항**: '~에 의하면'의 양식으로 기입할 때 저자들을 주어로 기입하는 것이므로 누구와 누구라고 하는 것이 바람직하다.

(3) 세 명 이상의 저자

① ~~~~~~문장~~~~~~(저자1, 저자2, 저자3, 년도).
~~~~~~문장~~~~~~(김수아, 김은영, 박수경, 2010).

② 저자1, 저자2와 저자3(년도)에 의하면, ~~~~~~문장~~~~~~.
김수아, 김은영과 박수경(2010)에 의하면, ~~~~~~문장~~~~~~.

◆ **유의사항**: 저자가 1~2명일 경우 항상 모든 저자들을 기입한다. 하지만 저자가 3명 이상일 경우 첫 인용에만 모든 저자들을 기입하고 그 후에는 아

래와 같이 기입한다.

첫 번째 인용: 김수아, 김은영과 박수경(2010)
두 번째 인용: 김수아 외(2010) 또는 김수아 등(2010)
세 번째 인용: 김수아 외(2010) 또는 김수아 등(2010)

2) 한 개 외국 문헌의 인용

(1) 한 명의 저자

① ~~~~~~문장~~~~~~(저자, 년도).
~~~~~~문장~~~~~~(Smith, 2010).

② 저자명(년도)에 의하면, ~~~~~~문장~~~~~~.
Smith(2010)에 의하면, ~~~~~~문장~~~~~~.

◆ **유의사항**: 국내 문헌 인용 시 저자는 전체 이름으로 기입하지만 외국 문헌 인용 시 저자는 성으로만 기입한다. 또한 영문논문에서는 Smith (2010)로 기입하는 것이 바람직하지만, 한글논문에서 기입하는 양식과 일치시키기 위해 Smith(2010)으로 기입하고 있다.

(2) 두 명의 저자

① ~~~~~~문장~~~~~~(저자1, 저자2, 년도).
~~~~~~문장~~~~~~(Smith & Brown, 2010).

② 저자1과 저자2(출판년도)에 의하면, ~~~~~~문장~~~~~~.
Smith & Brown(2010)에 의하면, ~~~~~~문장~~~~~~. 혹은
Smith와 Brown(2010)에 의하면, ~~~~~~문장~~~~~~.

(3) 세 명 이상의 저자

① ~~~~~~문장~~~~~~(저자1, 저자2, 저자3, 년도).

~~~~~~문장~~~~~~(Smith, Brown, & Jones, 2010).

② 저자1, 저자2와 저자3(년도)에 의하면, ~~~~~~문장~~~~~~.
Smith, Brown & Lee(2010)에 의하면, ~~~~~~문장~~~~~~. 혹은
Smith, Brown과 Lee(2010)에 의하면, ~~~~~~문장~~~~~~.

◆ **유의사항**: 국내문헌과 마찬가지로 저자가 1~2명일 경우 항상 모든 저자들을 기입한다. 하지만 저자가 3명 이상일 경우 첫 인용에만 모든 저자들을 기입하고 그 후에는 아래와 같이 기입한다.

첫 번째 인용 : Smith, Brown & Lee(2013)
두 번째 인용 : Smith et al.(2013)
세 번째 인용 : Smith et al.(2013)

3) 2개 이상 국내 · 외 문헌의 동시 인용

유사한 내용이 여러 문헌에서 나타나고, 해당 문헌들을 모두 인용하고자 하는 경우 인용방법은 다음과 같다. 년도 순이 아닌 첫 저자의 이름을 기준으로 가나다, ABC 순으로 기입한다.

~~~~문장~~~~(저자1, 년도; 저자2, 년도; 저자3, 년도).
~~~~문장~~~~(김성덕, 2013; 김일광, 정제호, 정원석, 2010; 양찬모, 2012).
~~~~

재인용

1. 의미

인용한 문헌의 내용이 다른 문헌의 내용을 인용한 경우를 말한다.

2. 양식

예) 만약 박종철(2013)의 논문내용이 Jones(1972)의 논문내용을 인용하였을 경우 재인용 양식은 다음과 같다.

Jones(1972; 박종철, 2013, 재인용)에 의하면, ~~~~~문장~~~~~.

◆ **유의사항**: 만약 A의 논문에서 B의 연구를 인용하였으며, 본인이 그 인용한 내용을 자신의 논문에 인용하고자 한다면, B의 연구를 재인용하는 것보다 B의 연구를 직접 찾아보고 인용하는 것이 바람직하다. 예외의 경우는 다음과 같다.

① B의 연구가 너무 오래 전에 수행된 것이어서 찾기 어려운 경우
② B의 연구가 국내에서 찾기 어려운 외국 논문인 경우

직접 인용

1. 의미

직접 인용은 남의 말을 원문 그대로 옮겨 쓰는 것을 말한다.

◆ **유의사항**: 옮겨 쓴 내용을 인용하지 않을 경우 표절이라는 문제가 발생한다.

2. 양식

① 직접인용 방법은 간접인용 방법과 거의 유사하다. 다만 원문 그대로 옮겨 쓴 내용을 " "로 구분하고 해당 쪽번호를 추가적으로 기입한다.

아무개(년도)에 의하면, "~~원문 그대로 옮긴 내용~~" (p. #).
"~~~원문 그대로 옮긴 내용~~~" (아무개, 년도, p. #).

② 직접 인용한 내용에서 " "으로 표기된 단어나 내용은 ' '로 표기한다.

아무개(년도)에 의하면, "~~ '다운표로 표기된 내용' ~~" (p. #).

③ 직접 인용한 내용이 40단어 이상일 경우에는 해당내용을 아래와 같이 5칸 들어 쓴 새 줄로 시작해서 쓴다. 다만 평소 직접인용을 구분하기 위해 사용하는 " "를 사용하지 않는다.

아무개(년도)는 다음과 같이 보고하였다.

~~~~~~. ~~~~~~. ~~~~~~. (p. #)
~~~~~~

표 양식

1. 표 수의 제한

가능한 경우 표 수를 줄이기 위해 여러 변인에 관한 분석결과를 하나의 표로 나타낸다.

2. 표 제목

① 표 제목은 표 위의 맨 왼쪽 끝에 시작한다.

② 표 #를 표#로 기입하지 않도록 주의한다.

③ 제목을 한 줄로 기입하지 못할 경우 두 번째 줄이 첫 줄의 제목이 시작하는 위치에서 시작하도록 한다.

바람직하지 않은 양식

표 1. 프로스포츠 관람자의 최적자극수준이 관람만족도에 미치는
영향에 대한 회귀분석 결과

바람직한 양식

표 1. 프로스포츠 관람자의 최적자극수준이 관람만족도에 미치는
      영향에 대한 회귀분석 결과

3. 표 형태

① 양쪽 끝의 수직선은 항상 투명해야 하며, 그 외 불필요한 선들도 투명해

야 한다. 또한 첫 행의 아래 수평선을 더블라인으로 한다.

바람직하지 않은 양식

개선된 양식

특성	구분	사례수(명)	백분율(%)
수련기간	1년미만	20	10.0
	1년~2년 미만	80	40.0
	2년 이상	100	50.0

바람직한 양식

특성	구분	사례수(명)	백분율(%)
수련기간	1년미만	20	10.0
	1년~2년 미만	80	40.0
	2년 이상	100	50.0

② 표 위와 아래는 한 줄씩 비워둔다.

바람직하지 않은 양식

~~~~~~~~~~~~~~~~본문~~~~~~~~~~~~~~~~~~~~~~~~~~~~~

표 1. 수련기간의 기술통계분석 결과

특성	구분	사례수(명)	백분율(%)
성별	남자	40	20.0
	여자	160	80.0

~~~~~~~~~~~~~~~~본문~~~~~~~~~~~~~~~~~~~~~~~~~~~~~

<u>바람직한 양식</u>

~~~~~~~~~~~~~~~~~~본문~~~~~~~~~~~~~~~~~~~~~~~~~~~~~~~~~~~

표 1. 수련기간의 기술통계분석 결과

특성	구분	사례수(명)	백분율(%)
성별	남자	40	20.0
	여자	160	80.0

~~~~~~~~~~~~~~~~~~본문~~~~~~~~~~~~~~~~~~~~~~~~~~~~~~~~~~~

4. 표 항목

① 표현의 일치성

바람직하지 않은 양식	바람직한 양식
광 고	광 고
현수막	현수막
친구의 말을 듣고	구 전
전단지	전단지

② 정렬방법

오른쪽 정렬

항목	사례수(명)	백분율(%)
상담지원	25	25
고객만족도 조사	35	35
회원등록 관리	40	40

왼쪽 정렬

항목	사례수(명)	백분율(%)
상담지원	25	25
고객만족도 조사	35	35
회원등록 관리	40	40

③ 공간상 셀의 넓이가 특정 내용을 한 줄로 모두 표현하기가 어려울 경우 해당 셀 내용의 장평을 줄이는 방법이 있다.

5. 소수점과 점의 일치

수치를 가운데 정렬시킴으로써 점 위치가 일치하지 않게 나타나는 경우가 흔하다.

점 위치 문제

항목	사례수(명)	백분율(%)
남자	95	94.1
여자	5	5.9

소수점 문제

항목	사례수(명)	백분율(%)
남자	95	94.10
여자	5	5.9

문제해결 양식

항목	사례수(명)	백분율(%)
남자	95	94.10
여자	5	5.90

소수점의 위치를 일치시키는 요령은 다음과 같다.

① 셀별로 전체 내용을 지정하고 오른쪽 정렬시킨다.

② 셀에 해당하는 눈금자 오른쪽 끝 세모를 원하는 위치로 왼쪽으로 당긴다.

6. 백분율의 합

소수점 둘째 자리까지 기입하다보면 실제 합계가 99% 혹은 101%인 경우가 있다. 필요시 100%로 계산되도록 조절한다.

7. 표에 관한 본문내용

① 표 내용은 본문에서 설명할 필요가 있다. 그 예로 연구대상의 인구통계학적 특성에 대한 빈도분석 결과를 단순히 표로만 제공하는 경향이 있는데 표는 본문에 있는 내용을 쉽게 이해할 수 있도록 요약을 해 주는 것뿐이다.

② 본문에서 모든 표를 <표 #>의 양식으로 인용한다.

③ 표 내용을 모두 설명하지 않고 핵심만 설명한다.

8. 표의 길이와 넓이의 조정

1) 길이의 조정

① 표 전체를 지정한다.

② shift 를 누른 상태에서 ↓를 누르며 조정한다.

2) 넓이의 조정

① 표 전체를 지정한다.

② shift 를 누른 상태에서 →를 누르며 조정한다.

9. 표 편집

표 내용을 한 쪽으로 나타내지 못할 경우 아래 방법을 사용한다.

1) 아래와 같이 표를 나눈다.

전체 표

표 1. 제목

변인	구분	사례수(명)	백분율(%)
성별	남	40	40
	여	60	60
연령	20대	25	25
	30대	35	35
	40대	40	40

나눈 표

표 1. 제목 ← 쪽 1

변인	구분	사례수(명)	백분율(%)
성별	남	40	40
	여	60	60

표 1. 제목 (이어서) ← 쪽 2

변인	구분	사례수(명)	백분율(%)
연령	20대	25	25
	30대	35	35
	40대	40	40

2) 표 위치를 조절한다.

표는 내용에 대한 설명을 한 다음 바로 제공해야 하는 것이 아니다. 그러므로 표 5에 대한 설명을 한 다음 표 5를 제공하지 않고 표 6에 대한 설명을 먼저 할 수 있다. 이 처럼 위치를 조절함으로써 전체 표를 한 쪽에 나타낼 수 있다.

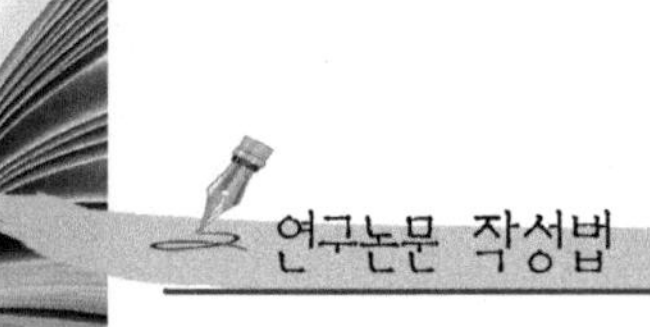

표 출처

표를 다른 문헌에서 옮겼을 경우 출처를 다음과 같이 기입한다.

1. 출처가 서적일 경우

1) 국내

출처: **책제목** (p. #), 저자, 발행년도, 발행시: 발행출판사.
출처: **스포츠 마케팅** (p. 60), 김치조, 1993, 서울: 태근문화사.

2) 외국

출처: *책제목* (p. #), 저자, 발행년도, 발행시: 발행출판사.
출처: *Sport marketing, promotion & public relations* (p. 18), B. J. Mullin, 1983, Amherst, MA: National Sport Management, Inc.

◆ **유의사항**: 영문의 경우 저자를 이름 이니셜, 성 순으로 기입하며, 저자가 2명 이상일 경우 한글은 저자1, 저자2의 양식으로 기입하고 영문은 저자 1 **and** 저자 2의 양식으로 기입한다.

2. 출처가 논문일 경우

1) 국내

출처: "논문제목," 저자명, 발행년도, **논문집명, 권**(호), p. #.
출처: "활동기준원가계산을 적용한 스포츠센터 원가회계 시스템 구축", 소윤서, 김수잔, 2013, **한국체육학회지, 52**(6), p. 305.

2) 외국

출처: "논문제목," 저자명, 발행년도, *논문집명, 권*(호), p. 쪽번호.

출처: "A Study on the Construction of an Activity-Based Costing System for Sport Centers", Y. Seo and S. Kim, 2013, *The Korean Journal of Physical Education, 52*(6), p. 305.

유의사항은 서적의 경우와 같음.

그림 양식

1. 그림 제목은 그림 아래의 맨 왼쪽 끝에 기입한다.

2. '그림 #'를 '그림#'로 기입하지 않도록 주의한다.

3. 표 제목과 같이 그림 제목을 한 줄로 기입하지 못할 경우 두 번째 줄이 첫 줄의 제목이 시작하는 위치에서 시작하도록 한다.

4. 그림 위와 아래는 한 줄씩 비워둔다.

5. 그림을 다른 문헌에서 옮겼을 경우 출처를 기입하며, 양식은 '표 양식'에서 설명한 것과 같다.

6. 본문에서 모든 그림을 <그림 #>의 양식으로 인용한다.

연구설계

연구문제의 선정부터 조사도구 구성, 자료수집, 자료 분석, 연구결과 도출까지의 전반적인 과정을 제시하여 준다.

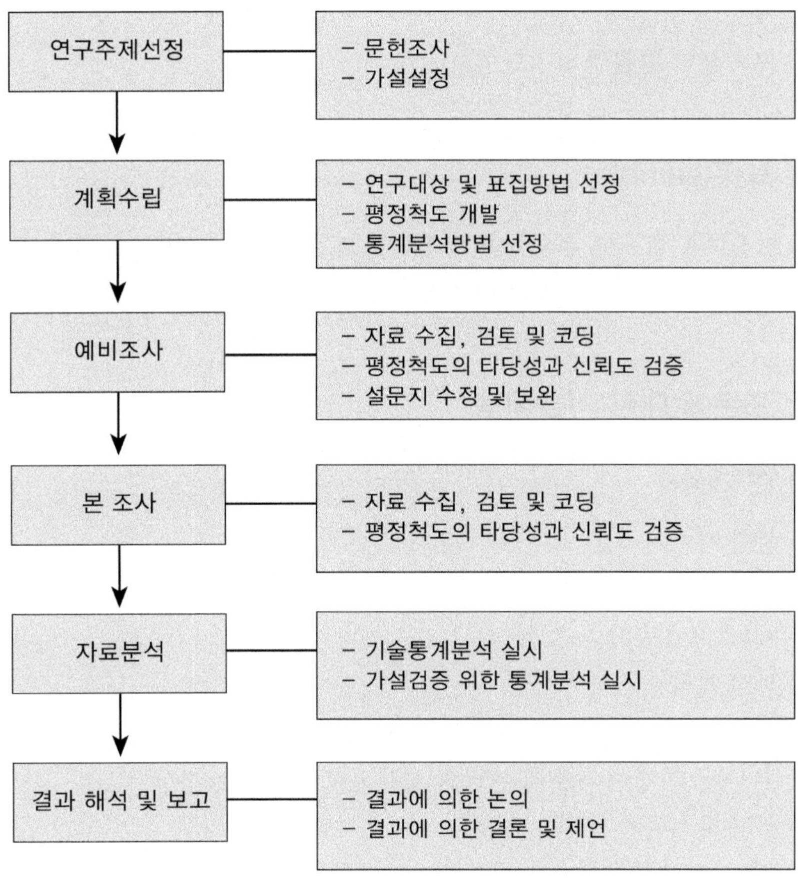

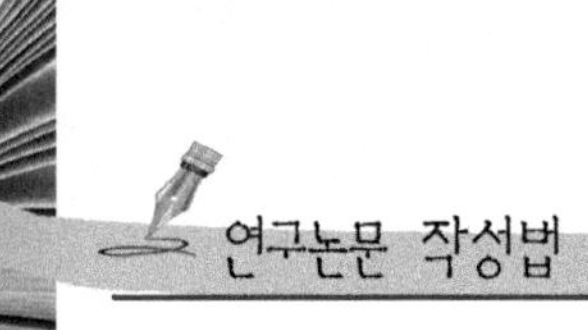

연구대상

1. 모집단 또는 전집(population)

연구하고자 하는 대상의 전체 집단을 의미한다.

예) 스포츠센터 회원의 만족도에 대해 조사하고자 한다면 전체 스포츠센터 회원이 모집단이다.

2. 표본(sample)

① 모집단을 대표할 수 있도록 선정하고 조사한 일부 구성원을 의미한다.
② 표본에 의한 통계치를 토대로 모집단에 대해 추정한다.

3. 표본에 대한 기술내용

1) 연구계획서

① 선정 시기
② 선정 장소
예) 스포츠센터
③ 선정 지역
예) 모든 스포츠센터 회원을 설문하기가 어려우므로 서울 소재 혹은 서울과 경기도 소재 센터의 회원으로 한정하는 경향이 있다.
④ 선정 장소의 수
예) 선정 지역에서도 스포츠센터가 많으므로 그 중 몇 곳의 센터에서 회원을 표집 하였는지를 제시하여야 한다.
⑤ 필요 시 장소의 선정 조건

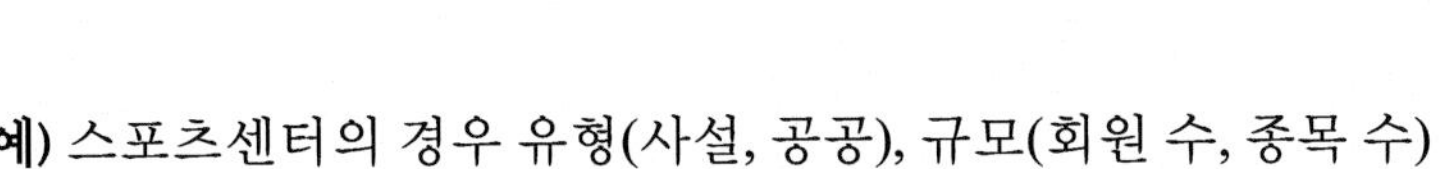

예) 스포츠센터의 경우 유형(사설, 공공), 규모(회원 수, 종목 수)

⑥ 대상의 선정 조건

예) 1개월 이상 스포츠센터에 다닌 회원

⑦ 표집방법[1]

2) 청구논문

연구계획서에 기입한 내용에 다음 내용을 추가한다.

① 선정 인원 수 (= 배포한 설문지 부수)

② 표본 크기 (= 회수된 설문지 부수)

③ 분석에 제외한 부수와 제외한 이유

예) 10% 이상의 문항이 무기입, 이중기입 또는 같은 수치로 연속 기입 되어서 9부의 설문지 자료를 제외시켰다.

④ 유효표본의 크기 (= 통계분석 위해 사용한 설문지 부수)

⑤ 배포한 설문지 중 유효하게 사용할 수 있었던 설문지의 비율

예) 250명(85%)와 같이 유효표본의 크기 옆에 괄호로 나타낸다.

4. 연구대상의 기술통계분석 결과의 기술

① 대상자의 인구통계학적 특성에 대한 빈도분포와 백분율을 나타내는 표를 제시한다.

② 표를 제시하더라도 본문에서 표 내용을 설명한다.

---

1) p. 56 참조

표집방법

1. 의미

모집단으로부터 표본을 선정하는 과정을 의미하는 것으로, 표본추출 방법이라고도 한다.

2. 표집방법의 분류

1) 확률표집(probability sampling) 방법

(1) 단순 무작위표집(simple random sampling)

모집단의 모든 구성원에게 일련번호를 주고 아래 방법으로 구성원들에게 동일한 선정 기회를 부여하는 방법이다.

① **제비뽑기**: 모집단 수만큼 추첨용지를 만들고 원하는 표본 수만큼 추첨용지를 뽑아서 해당하는 사람을 연구대상으로 선정한다.

② **난수표 활용**: 난수표를 이용하여 얻은 번호에 해당하는 구성원을 선정한다.[2)]

(2) 유층(층화)표집(stratified sampling)

모집단을 여러 개의 이질적인 하위집단으로 나눈 후 하위집단별로 대상을 무작위로 선정하는 방법이다.

예) 참여종목에 따라 회원의 만족도가 다르다고 종목별로 참여회원을 무작위 표집한다.

---

2) p. 59 참조

(3) 군집(집략)표집(cluster sampling)

모집단을 여러 개의 동질적인 하위집단으로 나누고 그 가운데 일정한 수의 하위집단을 선정한 다음 선정한 각각의 하위집단의 구성원을 모두 선정하는 방법이다.

① 한국체대 학생들을 대상으로 연구하고자 한다면, 한국체대에서 이루어지고 있는 여러 개 수업 가운데 몇 개 수업을 무작위로 선정한 다음 선정한 각각의 수업에서 수강생들을 모두 선정한다.

② 초등학교 6학년 학생들을 대상으로 연구하고자 한다면 다음과 같은 다단계 군집표집방법에 의해 표본을 추출할 수 있다.

단계 1: 서울의 25개 구 가운데 몇 개 구를 무작위로 선정한다.
단계 2: 선정한 각각의 구에서 일정한 수의 동을 무작위로 선정한다.
단계 3: 선정한 각각의 동에서 일정한 수의 초등학교를 무작위로 선정한다.
단계 4: 선정한 각각의 초등학교에서 일정한 수의 반을 무작위로 선정한다.
단계 5: 선정한 반의 학생들을 모두 선정한다.

(4) 유층집락표집 또는 층화군집표집(stratified cluster sampling)

유층표집과 군집표집 방법을 동원하여 대상을 선정하는 방법이다.

예) 과에 따라 대학생의 의견이 다르다며 과별로 대상을 선정하나 (층화) 대상음 개인이 아닌 집단이다(군집).

(5) 체계적 표집(systematic sampling)

모집단이 일정한 순서 없이 배열되어 있는 것으로 전제하고 일정한 간격을 두고 대상을 선정하는 방법이다.

예) 마라톤대회 참가자 10,000명 가운데 50명을 뽑고자 한다면 매

200(=모집단 크기/표본 크기)번째에 해당하는 사람을 뽑는다. 먼저 1번부터 200번 사이에서 한 번호를 무작위로 선정한다. 만약 그 번호가 35라면 35, 235, 435, 635....9835번째 완주자, 총 50명을 선정한다.

2) 비확률표집(non-probability sampling) 방법

표본을 연구자가 주관적인 견해에 따라 임의로 추출해내는 방법으로 오차가 포함된다. 따라서 비확률표집법에 의해 얻은 표본에 대한 분석결과는 모집단으로 일반화하는데 주의가 요구된다.

(1) 편의표집(convenience sampling)

편리성을 위해 연구자가 임의대로 표본을 선정하는 방법이다.

예) 대학생의 스포츠의류 구매행동에 대해 설문조사를 실시하기 위해 몇 곳의 대학교 캠퍼스를 방문하고 그 곳에서 보이는 학생들을 접근하여 작성을 부탁한다.

(2) 할당표집(quota sampling)

모집단을 여러 개의 이질적인 하위집단으로 나눈 다음 하위집단별로 사전에 정한 사례 수만큼 대상을 임의대로 선정하는 방법이다.

예) 전체 스포츠센터 회원의 남녀비율이 40:60이라고 의도적으로 남자 80명, 여자 120명을 선정한다.

3) 판단(judgement) 또는 목적(purposive) 표집

연구자가 연구목적을 달성하기 위해 가장 적합하다고 판단되는 사람들을 대상으로 선정하는 방법이다.

예) 스포츠경영학과에서 개설해야 할 전공과목을 조사하기 위해 기존 스포츠경영학 전공교수들을 설문한다.

난수표

난수표[3])를 이용하여 2000명의 학생 중 100명을 아래와 같이 선정한다.

① 모든 학생에게 번호를 부여한다.

② 난수표에 기입된 번호를 아무거나 선정한다.
→ 96971(열1, 행2)을 선정하였다고 하자.

③ 가로로 나타나는 4자리 수를 본다. 이는 2000번에 해당하는 학생이 1부터 1999번에 해당하는 학생들과 똑같은 확률로 선정될 수 있기 위해서이다.
→ 96971에서 9697만을 본다.

④ 위 4자리 수가 2000 이하이면 번호에 해당하는 학생을 연구 대상자로 선정한다.
→ 9697은 2000보다 크므로 선정할 학생이 없다.

⑤ 가로로 나타나는 다음 4 자리 수를 본다.
→ 9697을 따르는 4 자리 수는 1199이다.

⑥ 100명을 선정할 때까지 4단계와 5단계를 반복한다.
→ 1199는 2000보다 작으므로 연구대상자로 선정한다.
→ 이상의 절차로 인해 1199, 0197, 1631, 1654 등의 번호가 부여된 학생들을 선정한다.

---

3) p. 60 참조

난수표 양식

11339 19233 50911 14209 39594 68368 97742 36252 27671 55091
96971 19968 31709 40197 16313 80020 01588 21654 50328 04577
07779 47712 33846 84716 49870 59670 46946 71716 50623 38681
71675 95993 08790 13241 71260 16558 83316 68482 10294 45137
32804 72742 16237 72550 10570 31470 92612 94917 48822 79794

14835 56263 53062 71543 67632 30337 28739 17582 40924 32434
15544 14327 07580 48813 30161 10746 96470 60680 63507 14435
92230 41243 90765 08867 08038 05038 10908 00633 21740 55450
33564 93563 10770 10595 71323 84243 09402 62877 49762 56151
84461 55618 40570 72906 30794 49144 65239 21788 38288 29180

91645 42541 83776 99246 45548 02547 74804 49536 89815 74285
78305 63797 26995 23146 56071 97081 22376 09819 56855 97424
97888 55122 65545 02904 40042 70653 24483 31258 96475 77668
67286 09001 09718 67231 54033 24185 52097 78713 95910 84400
53610 59459 89945 72102 66595 02198 26968 88467 46939 52318

52965 76189 68892 64541 02225 09603 59304 38179 75920 80486
25336 39735 25594 50557 96257 59700 27715 42432 27652 88151
73078 44371 77616 49296 55882 71507 30168 31876 28283 53424
31797 52244 38354 47800 48454 43304 14256 74281 82279 28882
47772 22798 36910 39986 34033 39868 24009 97123 59151 27583

54153 70832 37575 31898 39212 63993 05419 77565 73150 98537
93745 99871 37129 55032 94444 17884 27082 23502 06136 89476
81676 51330 58828 74199 87214 13727 80539 95307 73536 16862
79788 02193 33250 05865 53018 62394 56997 41534 01953 13763
92112 61235 68760 61201 02189 09424 24156 10368 26527 89107

87542 28171 45150 75523 66790 63963 13903 68498 02981 25219
37535 48342 48943 07719 20407 33748 93650 39356 01011 22099
95957 96668 69380 49091 90182 13205 71802 35482 27973 46814
34642 85350 53361 63940 79546 89956 96836 81313 80712 73572
50413 31008 09231 46516 61672 79951 01291 72278 55658 84893

53312 73768 59931 55182 43761 59424 79775 17772 41552 45236
16302 64092 76045 28958 21182 30050 96256 85737 86962 27067
96357 98654 01909 58799 87374 53184 87233 55275 59572 56476
38529 89095 89538 15600 33687 86353 61917 63876 52367 79032
45939 05014 06099 76041 57638 55342 41269 96173 94872 35605

02300 23739 68485 98567 77035 91533 62500 31548 09511 80252
59750 14131 24973 05962 83215 25950 43867 75213 21500 17758
21285 53607 82657 22053 29996 04729 48917 72091 57336 18476
93703 60164 19090 63030 88931 84439 94747 77982 61932 21928
15576 76654 19775 77518 43259 82790 08193 63007 68824 75315

12752 33321 69767 03625 37328 75200 77262 99004 96705 15540
89038 53455 93322 25069 88186 45026 31020 52540 10838 72490
62411 56968 08379 40159 27419 12024 99694 68668 73039 87682
45853 68103 38927 77105 65241 70387 01634 59665 30512 66161
84558 24272 84355 00116 68344 92805 52618 51584 75964 53021

측정도구의 항목구성

1. 설문지 구성내용

① 사용한 조사도구(예, 설문지)를 제시한다.
② 설문지의 총 문항 수를 제시한다.
③ 설문지에서 각각의 변인들을 몇 개, 어떤 유형의 문항으로 구성하였는지를 제시한다.

예) 배경변인인 인구통계학적 특성을 6개의 선다형 문항으로 구성한다.

④ 설문지의 구성지표와 구성내용을 나타내는 표를 제공한다.

변인	구성지표	구성내용	문항수	문항형태
배경변인	인구통계학적 특성	성 별	1	선다형
		연 령	1	
		결혼유무	1	
독립변인	서비스품질	시 설	5	5점 Likert
		프로그램	5	
		지 도 자	5	
종속변인	고객만족도		4	5점 Likert

2. 변인별 척도 구성내용

설문지의 '문항 내용의 선정'[4]과 '문항 수'[5] 부분을 먼저 정독한 다음 아래 내용을 정독하십시오.

4) p. 180 참조
5) p. 191 참조

① 변인별로 설문지 문항의 출처를 기입한다.

바람직하지 않은 양식

직무만족과 조직몰입 및 조직시민행동은 서영득(2011), 김종문(2008), 김종진(2013)의 연구에서 사용한 관련 문항을 본 연구의 목적에 맞게 수정 및 보완하였다.

바람직한 양식

직무만족은 서영득(2011), 조직몰입은 김종문(2008), 그리고 조직시민행동은 김종진(2013)의 연구에서 사용한 관련 문항을 본 연구의 목적에 맞게 수정 및 보완하였다.

② 한 개 상위변인이 여러 개의 하위변인으로 구성되는 경우 하위변인별로 출처를 기입한다.

예) 직무만족의 근무환경 만족은 김화영(2010), 급여 만족은 이지현(2007), 상사관계와 동료관계 만족은 김태주(2012), 그리고 근무시간 만족은 안선영(2009)의 연구에서 사용한 관련 문항을 본 연구의 목적에 맞게 수정 및 보완하였다.

③ 하위변인별 문항항목까지 기입하는 경우가 있다.

예) 상사관계 만족은 의사소통, 자율성, 피드백 제공, 행동방향 제시의 4개 문항으로 구성하였다.

④ 리커트(Likert) 척도 문항의 경우 점수를 어떻게 부여하였는지를 제시한다.

예) 만족은 '매우 불만족'에 1점부터 '매우 만족'에 5점을 부여하였다.

측정도구의 타당도 검증

1. 타당도의 의미

타당도(Validity)는 측정하고자 하는 개념이나 속성을 얼마나 실제에 가깝게 측정하고 있는가를 나타내는 정도를 말하며, 논문에 그 검증방법을 반드시 제시해야 한다.

2. 타당도 검증방법

1) 전문가 집단의 주관적인 판단

전문가 집단에 의해 문항들이 적절하고 충분한지를 평가하는 내용타당도(content validity) 검증 방법이다.

① 설문지 배포 전에 실시한다.

② 전문가 집단을 총 몇 명의 누구, 누구로 구성하였는지를 기입한다.

2) 요인분석

여러 개의 상위요인을 각각 여러 개의 하위요인으로 구성하여 측정하고자 할 경우 회수자료에 요인분석을 실시하여 측정항목들이 타당한지를 확인할 수 있다.

(1) 탐색적 요인분석[6)]

탐색적 요인분석을 적용하였을 경우 아래 내용들을 논문에 기입한다.

① 통계분석 위해 사용한 통계패키지 프로그램과 버전을 제시한다. 흔히

---

6) p. 87 참조

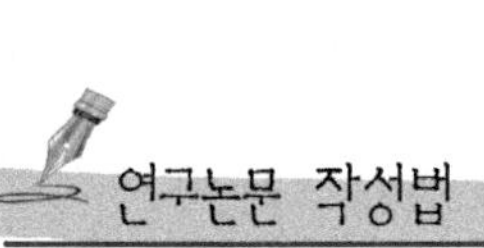

SPSS 프로그램을 사용한다.

② 고유치 추출조건, 회전방법 및 요인추출방법을 제시한다.

③ 요인분석의 결과표를 제공한다.

◆ **유의사항**: 흔히 설문지 항목을 일일이 구분하지 않는 경우가 있는데 본 저자는 구분하는 것을 선호한다. 다시 말해서, 시설만족도를 측정하는 항목들을 분위기, 다양성, 청결성으로 나타내지 않고 시설만족1, 시설만족2, 시설만족3으로 나타내는 경우가 있는데 자세한 구분은 구독자로 하여금 연구내용을 더 이해하도록 한다. 특히 설문지를 제공하는 학위논문과 달리 설문지를 제공하지 않는 학술지 논문의 경우 더욱 그렇다.

④ 요인부하량의 크기를 토대로 어느 항목이 어느 요인으로 분류되었는지를 표에 나타낸다. 일반적으로 요인부하량이 .5 이상인 항목을 해당 요인과 관계가 있다고 해석하며, 이 판단기준을 제시한다.

⑤ 탐색적 요인분석 결과로 총 몇 개의 요인이 추출되었으며, 각각의 요인을 어떻게 명명 하였는지를 제시한다.

⑥ 결과표에 고유치, 분산(%) 및 누적(%)에 해당하는 수치를 기입한다.

⑦ 상위요인에 대한 하위요인의 설명력을 기입한다. 이는 누적(%)에 해당하는 수치로 그 수치가 68.25라면 설명력은 68.25%이다.

(2) 확인적 요인분석[7]

확인적 요인분석 적용 시, 아래 내용들을 논문에 기입한다.

---

7) p. 152 참조

① 통계분석을 위해 사용한 통계패키지 프로그램과 버전을 제시한다. 흔히 AMOS 프로그램을 사용한다.

② 확인적 분석방법을 기입한다. 주로 최대우도방식의 확인적 요인분석을 실시하고 있다.

③ 확인적 요인분석을 위한 자료의 정규분포 가정이 충족되었음을 먼저 밝힌다.

④ 연구모형의 적합도를 판단하기 위해 산출하는 χ2 통계량은 표본크기에 민감하기 때문에 다른 적합도 지수와 함께 검토하는 것이 바람직하다. 이 사실을 언급하며 적합도 지수들과 평가기준을 제시한다.

⑤ 적합도 지수의 기준 값에 부합되는 확인적 요인분석의 결과를 제시하며, 측정모형의 적합성을 제시한다.

측정도구의 신뢰도 검증

1. 신뢰도의 의미

요인의 측정항목들이 과연 의도하는 요인을 제대로 측정하느냐가 타당도의 문제라면 무슨 요인을 측정하느냐와 상관없이 항목들이 과연 같은 것을 측정하고 있느냐가 신뢰도(Reliability)의 문제이다.

2. 신뢰도 검증방법

상위요인별 하위요인간의 상관계수를 토대로 Cronbach's 알파(α) 값[8]을 산출하여 문항내적 일관성 신뢰도(inter-item consistency reliability)를 검증하는 방법이 가장 보편적이다.

3. 신뢰도 관련 내용의 기술

① 사용한 신뢰도 검증방법을 제시한다.

② 요인분석에 의해 한 개 요인에 묶어진 항목들을 토대로 해당 요인의 신뢰도를 검증하는 것이므로 신뢰도 검증은 타당도 검증 이후 이루어졌음을 언급한다.

③ 요인별로 신뢰도 계수인 Cronbach's 알파(α) 값을 제시한다.

④ 각각의 요인이 0.7의 수용기준 이상으로 나타나 신뢰도가 확보되었음을 언급한다.

8) p. 95 참조

예비조사

1. 목적

본 조사로 수백 명에게 설문지를 돌리기 전에 예비조사를 통해 척도의 타당도와 신뢰도를 사전에 확인하고 필요시 높일 수 있는 기회를 가질 수 있다. 이 과정은 매우 중요하며 수행 시 논문에서 언급이 필요하다

2. 대상

① 조사도구의 '타당도와 신뢰도 검증' 부분에서 언제 어디에서 그리고 어느 표본추출방법으로 몇 명을 예비조사의 대상으로 선정하였는지를 제시한다.

② 대상의 접근이 어려우더라도 최소한 30명을 선정해야 하나, 접근이 용이하다면 50명 정도 선정하는 것을 제안한다.

◆ **유의사항**: 회수된 설문지를 검토하는 과정에서 불성실하게 응답된 자료를 발견할 수 있으므로 30부보다 더 많이 회수하도록 한다.

3. 타당도 검증

① 본문에서 척도의 타당도 검증 방법과 결과를 제시하나 본 조사에서와 같이 관련 표는 제공하지 않는다.

② 타당도 검증으로 인해 발견한 문제점과 대응방법을 기술한다.

문제1) 특정 항목이 어느 요인에도 묶이지 않음

대응1) 해당 항목을 제거한다.

대응2) 함께 묶어질 수 있는 새로운 항목을 추가한다.

문제2) 특정 항목이 의도한 요인이 아닌 다른 요인에 묶임

대응) 해당 항목을 재분류한다.

문제3) 특정 항목이 두 개 요인과 높은 상관관계를 나타냄.

대응1) 해당 항목을 제거한다.

대응2) 항목이 한 개 요인에 더 강하게 묶이게끔 설문지 내용을 수정한다.

문제4) 결과로 나타난 요인 수가 의도하였던 요인 수와 다름.

대응1) 요인들이 해석이 용이하면 일단 본 조사를 위해 설문지를 다시 돌리고 결과가 유사하게 나타나는지를 확인한다. 유사할 경우 처음부터 의도하였던 것처럼 논문의 필요부분을 수정한다.

대응2) 설문지에 적절한 항목을 추가하여 1개 요인으로 묶어진 항목들이 처음 의도한 2개 요인으로 나누어지도록 한다.

대응3) 의도하지 않은 요인에서 일부 항목을 제거하여 남은 항목들이 처음 의도한 1개 요인으로 묶어지도록 한다.

4. 신뢰도 검증

요인별로 최종적으로 묶어진 항목들을 토대로 Cronbach's 알파(α) 값을 산출한다. 결과로 전체 요인의 α값을 범위를 제시한다. 신뢰도가 낮을 경우 응답자에 따라 다르게 해석될 수 있는 문항을 명확하게 하거나 상위변인을 측정하는데 있어서 중요하지만 누락된 변인들로 보완한다.

조사절차

1. 대상을 선정한 장소의 담당자에게 양해를 먼저 구한 사실을 언급한다.

2. 보조 조사원의 존재여부를 제시한다. 존재할 경우 인원 수 뿐만 아니라 설문조사에 대해 사전에 교육을 받았다는 점을 언급한다.

3. 설문지 배포방법을 자세하게 기술한다.

① 대부분은 현장에서 직접 배포된다. 만약 연구대상으로 관람자를 프로스포츠 경기에서 선정하였다면 조사절차 부분에서는 해당 대상을 언제(예, 경기장 전 후), 어디(예, 입구, 관람좌석)에서 선정하였는지까지 기술해야 한다.

◆ **유의사항**: 온라인 또는 어린이의 가정통신문 등으로 대상에게 배포되는 경우가 있다. 이 경우에도 자세한 설명이 필요하다.

② 설문지의 목적과 내용을 간단하게 소개하고 양해를 구한 다음 설문지를 배포하고 응답 시 유의할 사항을 설명하였음을 언급한다.

4. 현장에서 직접 배포한 설문지는 선정 대상에 의해 자기평가기입법(self-adminstration method)으로 그 자리에서 응답된 다음 배포자에 의해 바로 회수되었음을 언급한다. 다른 회수방법을 사용했을 경우 자세한 설명이 필요하다.

자료처리

1. 회수자료 중 10%의 문항이 이중기입, 무기입, 또는 같은 수치로 연속기입 되어서 신뢰성이 떨어진다고 판단된 자료를 제외하였음을 언급한다.

◆ **유의사항**: 불성실하게 응답된 자료를 자료분석에서 제외시켰다는 말을 하는 연구자는 많으나 불성실한 응답의 판단기준을 제시하지 않는 경우가 많다.

2. 어느 통계 패키지 프로그램을 이용하여 컴퓨터에 입력시키고 분석을 실시하였는지를 언급한다.

3. 아래와 같이 무엇을 살펴보기 위해 무슨 분석을, 어느 유의수준에서 실시하였는지를 제시한다.

① 대상의 인구통계학적 특성을 살펴보기 위해 기술통계분석을 실시

② 조사도구의 타당도 검증 위해 탐색적(확인적) 요인분석을 실시하고 조사도구의 신뢰도 검증을 위해 Cronbach’s 알파(α) 값을 산출

③ 가설검증을 위해 사용한 분석방법을 가설의 기입순서대로 제시

④ 특정 분석의 실시를 위해 실시조건의 충족여부를 판단해 주는 분석방법의 제시

예) 다중회귀분석을 실시하기 전에 다중공선성 문제가 없음을 확인하는 어느 분석방법을 실시하였는지를 제시

자료코딩

1. 설문지 검토

무기입한 문항이 많거나 같은 수치가 연속적으로 체크되었을 경우 코딩대상에서 제거한다.

2. 설문지 번호 매기기

자료를 코딩하고 입력하기 전에 각각의 설문지에 번호를 매긴다. 이는 연구자가 수치를 잘못 입력하였을 경우 해당 설문지를 찾아서 수정할 수 있기 위해서이다.

3. 변수명 선정

각각의 설문지 문항에서 핵심용어를 파악하고 설문지에 메모한다.

예를 들어, 만약 질문이 '귀하는 일주일에 평균 몇 시간 운동하십니까?'라면 핵심용어는 '운동시간'이다.

4. 변수명 입력

① **시작, 모든 프로그램, IBM SPSS Statistics #** 순으로 클릭하여 SPSS 통계 패키지 프로그램을 연다.

② 화면 왼쪽 밑에 나타나는 **변수 보기**를 클릭하여 '데이터 보기' 시트에서 '변수 보기' 시트로 이동한다.

③ '이름'으로 구분된 하얀색 열에 변수명을 입력한다. 파란색 열은 설문지 문항에 해당하는 번호이다.

④ 화면 왼쪽 밑에 나타나는 **데이터 보기**를 클릭하면, 다시 첫 화면이 나타나는데 변수명이 첫 행에 보인다.

5. 위 절차로 학년, 이용횟수, 소속과, 만족도를 언급한 순으로 입력하였다면, 화면(SPSS 시트)은 다음의 표와 같이 나타날 것이다. 첫 번째 열은 설문지 번호를 나타내는 것으로 연구자가 직접 입력하는 것이 아니고 자동으로 나타난다. 그리고 첫 번째 행은 설문지 항목을 나타내며, n번째 행은 (n-1)번째 설문지에서 체크된 수치들을 나타낸다.

	학년	이용횟수	소속과	만족도	변수
1					
2					
3					

6. 설문지가 다음과 같이 응답되었다고 가정하자.

1. 귀하의 학년은?

① 1학년 ② 2학년 ❸ 3학년 ④ 4학년

2. 귀하는 학교매점을 평균 주 며칠 이용하십니까?

① 0회 ❷ 1-2회 ③ 3-4회 ④ 5회 이상

3. 귀하의 학과는 무엇입니까?

❶ 특수체육 ② 유아체육 ③ 청소년체육 ④ 노인체육

4. 귀하는 학교매점에 대해 얼마나 만족하고 있습니까?

① 매우불만족 ② 불만족 ③ 보통 ❹ 만족 ⑤ 매우만족

위 응답을 입력하면 SPSS 시트는 다음과 같이 나타날 것이다.

	학년	이용횟수	소속과	만족도
1	3	2	1	4
2				
3				

자료입력

1. 입력방법 1: SPSS 사용

데이터 보기(Data view) 시트에서 직접 입력한다.

2. 입력방법 2: 엑셀 사용

이 방법은 SPSS 소프트웨어가 없는 상황, 즉 집에서 자료를 입력하고 학교에 가서 분석을 실시해야 하는 상황에 적용가능하다.

① 엑셀 프로그램에서 행별 설문지의 응답을 순서대로 한 개의 셀에 입력한다.

② 입력된 자료를 한 번에 복사해서 SPSS 시트에 붙인다.

3. 입력방법 3: ᄒᆞᆫ글 사용

SPSS 또는 엑셀 사용 시 한 개의 셀에 수치를 입력하면 다음 셀로 이동해야 하는 번거로움이 있는 반면 이 방법은 연속적 입력이 가능하다.

① 설문지마다 응답을 띄어 쓰지 않고 한 줄에 순서대로 입력한다.

◆ **유의사항**: 200부의 설문지 응답자료를 총 200줄로 입력한다.

예) 아래 문항에 해당하는 응답을 **314**로 입력한다.
1. 귀하의 학년은?
① 1학년 ② 2학년 ❸ 3학년 ④ 4학년

2. 귀하의 학과는 무엇입니까?

❶ 특수체육 ② 유아체육 ③ 청소년체육 ④ 노인체육

3. 귀하는 학교매점에 대해 얼마나 만족하고 있습니까?

① 매우불만족 ② 불만족 ③ 보통 ❹ 만족 ⑤ 매우만족

② 문서를 텍스트 문서로 저장한다.

③ SPSS의 메뉴에서 **파일, 텍스트 데이터 읽기** 순으로 클릭한 다음 해당 텍스트 파일을 찾아서 클릭하고 **열기**를 클릭한다.

④ '텍스트 가져오기 마법사 6단계 중 1단계'가 맨 위에 나타나는 창이 뜰 것이다. **다음**을 3번 클릭하여 '6단계 중 4단계'에 해당하는 창으로 넘어간다.

⑤ 연결되어서 나타나는 수치를 여러 문항의 답으로 구분하기 위해 해당 수치의 사이를 클릭 한다. 클릭하는 곳마다 수직선이 아래와 같이 나타난다.

3	1	4	

⑥ 위 작업 완성 시, **다음**을 2번 클릭하고 **마침**을 클릭한다.

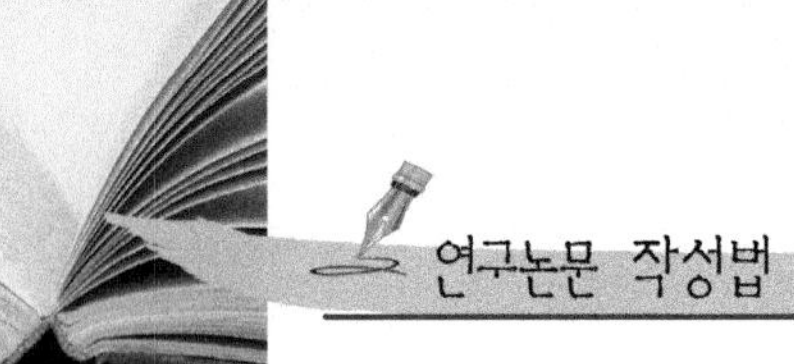

척도분류

측정척도는 네 가지로 분류되며 어느 측정척도이냐에 따라 적용가능한 통계가 달라진다.

1. 명명척도(Nominal scale)

집단을 명칭으로 분류하는 척도를 의미한다.

예) 성별: 1=남, 2=여
학과: 1=사회체육, 2=스포츠언론, 3=스포츠경영, 4=특수체육

2. 서열척도(Ordinal scale)

순위에 따라 수치를 부여하는 척도를 의미한다. 다만 계속되는 두 수치의 간격이 반드시 같지는 않다.

예) 주 평균 운동횟수: 1=전혀, 2=가끔, 3=보통, 4=자주, 5=매일
운동을 자주하는 사람은 가끔하는 사람보다 두배 더 한다고 볼 수 없다.

3. 등간척도(Interval scale)

서열척도처럼 순위에 따라 수치를 부여하는 척도로 계속되는 두 수치의 간격이 동일하며 절대영점이 없다.

예) 온도, 시험점수
80점 받은 학생이 40점 받은 학생보다 시험을 더 잘 보았을 뿐만

아니라 40점 받은 학생이 80점 받은 학생보다 2배 더 많이 틀렸다고 할 수 있다. 또한 모든 문항을 틀렸을 경우 학생은 시험에 0점을 받을 수 있다.

4. 비율척도(Ratio Scale)

등간척도처럼 순위에 따라 수치를 부여하는 척도로 계속되는 두 수치의 간격이 동일하나 절대영점이 있다.

예) 연령, 체중
60kg 나가는 학생이 40kg 나가는 학생보다 무거울 뿐만 아니라 체중이 1.5배 더 나간다고 할 수 있으나, '0kg'라는 몸무게는 존재하지 않는다.

이상의 척도내용을 표로 정리하면 다음과 같다.

특성 / 척도	유 목 (Category)	순 위 (Order)	등 간 격 (Equal interval)	절대영점 (Absolute zero)	
명 명 척 도	○	X	X	X	비연속
서 열 척 도	○	○	X	X	비연속
등 간 척 도	○	○	○	X	연 속
비 율 척 도	○	○	○	○	연 속

통계분류

1. 기술통계(Descriptive statistics)

① 조사된 자료를 있는 그대로 요약해 주는 방법이다.
② 연속적인 등간척도와 비율척도의 경우 평균(Mean: M)과 표준편차(Standard Deviation: SD)를 산출한다.
③ 비연속적인 명명척도와 서열척도의 경우 빈도(또는 사례수)와 백분율을 산출한다.
④ 평균에 비해 표준편차에 대한 인식수준은 상대적으로 낮다. 표준편차는 응답들이 얼마나 퍼져있는지를 알려준다.

3 3 3 3 3 3 3 3 3 3 의 평균은 3이고 표준편차는 0이다.
2 2 2 2 2 4 4 4 4 4 의 평균은 3이고 표준편차는 1.054이다.
1 1 1 1 1 5 5 5 5 5 의 평균은 3이고 표준편차는 2.108이다.
↳ 3 ± 2.108 로 표현할 수 있다.

2. 추리통계(Inferential Statistics)

① 추출된 표본에 의하여 모집단의 특성을 추정하는 방법이다.
② 다양한 방법들이 존재하고 있으나 본 책에서는 스포츠경영 분야에서 보편적으로 적용되고 있는 방법에 한정해서 설명하고 있다.

t-검증	ANOVA	카이검증
회귀분석	공변량분석	구조방정식모델분석

빈도와 백분율

1. 분석방법

아래 방법은 한 개 변인에 해당하는 자료의 평균을 구하는 방법이다.

① 메뉴에서 **분석, 기술통계량, 빈도분석**을 클릭한다.
② 나타나는 창의 왼쪽 박스에서 분석하고자 하는 변수를 오른쪽 박스로 이동시킨다. 이는 해당 변수를 클릭한 다음 두 박스 사이에 나타나는 화살표를 클릭하는 것으로 이루어진다.

◆ **유의사항**: 아래 방법으로 한 번에 여러 변수를 이동시킬 수 있다.
- Ctrl를 누른 상태에서 원하는 변수를 모두 클릭한다.
- Shift를 누른 상태에서 변수1과 변수n을 클릭하여 사이에 있는 변수들까지 지정하게 한다.

③ **확인**을 클릭한다.

2. SPSS 결과표 양식

분석한 변인이 3개라면 아래 양식을 가진 표 3개가 나타날 것이다.

VAR00001

		빈도	퍼센트	유효 퍼센트	누적퍼센트
유효	1.00	2	20.0	20.0	20.0
	2.00	3	30.0	30.0	50.0
	3.00	5	50.0	50.0	100.0
	합계	10	100.0	100.0	

VAR00002

		빈도	퍼센트	유효 퍼센트	누적퍼센트
유효	1.00	4	40.0	40.0	40.0
	2.00	4	40.0	40.0	80.0
	3.00	2	20.0	20.0	100.0
	합계	10	100.0	100.0	

VAR00003

		빈도	퍼센트	유효 퍼센트	누적퍼센트
유효	1.00	2	20.0	25.0	25.0
	2.00	4	40.0	50.0	75.0
	3.00	2	20.0	25.0	100.0
	합계	8	80.0	100.0	
결측	시스템 결측값	2	20.0		
합계		10	100.0		

3. SPSS 결과표의 해석

1) 결측 값이 없을 경우

① VAR00001는 어떤 변수에 대한 결과임을 알려준다.

② 첫 번째 열에 나타나는 수치는 해당 집단을 구분한다.

예) 귀하의 소속과는? ① 사회체육 ② 노인체육 ③ 특수체육
→ 1=사회체육, 2=노인체육, 3=특수체육

③ 합계는 해당 문항의 전체 응답자 수를 의미한다.

④ **빈도**는 해당 답(무응답)을 한 응답자 수를 의미한다.

⑤ **퍼센트**는 해당 답을 기입한 응답자 수를 전체 응답자 수로 나눈 것이다.

2) 결측 값이 있을 경우

① 유효부분은 결측 값이 없을 경우와 유사하게 해석한다.

② 결측값은 몇 명이 문항을 응답하지 않았는지를 나타낸다.

③ 결측 밑에 나타나는 합계는 설문의 응답자 수를 나타낸다.

④ **빈도**는 해당 답(무응답)을 한 응답자 수를 의미한다.

⑤ **퍼센트**는 해당 답(무응답)을 한 응답자 수를 설문지 응답자 수로 나눈 것이다.

⑥ **유효퍼센트**는 무응답 사례를 무시하고 응답한 사례만 가지고 구한 백분율을 나타낸다.

예) 집단의 결측사례를 포함한 퍼센트: 20%(=2/10)
집단의 유효 퍼센트: 25%(=2/8)

4. 논문을 위한 표 양식

아래 표를 살펴보면서 아래 내용을 이해하도록 한다.

① SPSS 빈도표에서 집단을 구분하는 수치 1, 2, 3을 논문에서는 수치가 의미하는 단어로 직접 기입한다.

② 한 개 상위변수가 여러 개의 하위변수로 구성된다면 모두 한 개 표로 묶는다.

예) 상위변수 : 인구통계학적 특성
하위변수 : 연령, 거주지

③ SPSS 결과표의 빈도와 퍼센트를 논문의 결과표에는 사례수와 백분율로 기입한다.

④ 사례수와 백분율 위해 '명'과 '%'를 단위를 기입한다.

인구통계학적 특성	구분	사례수(명)	백분율(%)
연령	10대	2	20.0
	20대	3	30.0
	30대	5	50.0
거주지	서울	4	40.0
	경기도	4	40.0
	기타 지역	2	20.0

⑤ 표 내용은 반드시 본문에 기술되어야 한다.

⑥ 결측 값을 표에 나타낼 수 있으나 보통 유효 자료에 해당하는 사례수와 유효 퍼센트를 백분율로 기입한다.

평균과 표준편차

1. 산출방법

① 메뉴에서 **분석, 기술통계량, 기술통계**를 클릭한다.

② 뜨는 창의 왼쪽 박스에서 분석하고자 하는 변수를 오른쪽 박스로 이동시킨다. 이는 해당 변수를 클릭한 다음 두 박스 사이에 나타나는 화살표를 클릭하는 것으로 이루어진다.

◆ **유의사항**: 아래 방법으로 한 번에 여러 변수를 이동시킬 수 있다.
- Ctrl를 누른 상태에서 원하는 변수를 모두 클릭한다.
- Shift를 누른 상태에서 변수1과 변수n을 클릭하여 사이에 있는 변수들까지 포함하게 한다.

③ **옵션**을 클릭하고 새로 Em는 창에서 **평균**과 **표준편차** 박스를 체크하고 **계속**을 클릭한다.

◆ **유의사항**: 한 개 변수를 위해 평균과 표준편차를 체크하면 다른 변수를 위해 재확인 할 필요가 없다.

④ 돌아온 창에서 **확인**을 클릭한다.

2. 분석결과로 나타나는 SPSS 표

위 절차로 인해 아래 양식을 가진 표가 나타날 것이다.

기술통계량

	N	최소값	최대값	평균	표준편차
VAR00001	10	3.0	5.0	4.2000	.78881
VAR00002	10	3.0	5.0	4.3000	.67495
유효수(목록별)	10				

3. 논문을 위한 표 양식

아래 표를 살펴보면서 아래 내용을 이해하도록 한다.

① 한 개 상위변수가 여러 개의 하위변수로 구성된다면 모두 한 개 표로 묶는다.

② 평균은 영문으로 Mean이므로 M으로 나타나고, 표준편차는 Standard Deviation이므로 SD로 나타나는 경우가 있다.

③ 비록 SPSS 표는 평균과 표준편차를 소수점 여섯째 자리까지 나타내지만 논문에는 소수점 둘째자리까지 기입한다.

응용프로그램 요인	사례수	평균	표준편차
인성	50	4.38	.73
학교체육	50	4.20	.67
내부행사	50	4.21	.76
외부활동	50	3.83	.92

특성	구분	N	M	SD
성별	남	#	#.##	.##
	여	#	#.##	.##
연령	20세 미만	#	#.##	.##
	20-40세 미만	#	#.##	.##
	40세 이상	#	#.##	.##

상위변수의 측정

1. 측정방법

여러 하위변수를 토대로 상위변수를 측정하고자 할 때, 모든 하위변수의 평균 응답 수치가 상위변수의 측정치가 된다.

예) 지도자에 대한 만족을 지도자의 지도법, 태도와 준비성에 대한 만족을 토대로 측정하고자 한다면, 지도자 만족은 아래와 같이 계산된다.

지도법	태도	준비성	→	지도자 만족
3	4	5		4 = (3+4+5)/3

2. 통계분석방법

다음은 응답자별로 하위변수를 토대로 상위변수를 측정하는 방법이다.

① 메뉴에서 **변환, 변수 계산** 순으로 클릭한다.
② 뜨는 창에서 왼쪽 위에 보이는 **대상변수 박스**에 상위변수 명을 입력한다.
③ 왼쪽 끝에 보이는 변수 목록 가운데 해당 하위변수를 하나씩 클릭한 다음 옆의 화살표를 클릭하여 오른쪽 위에 보이는 **숫자표현식** 박스에 나타나도록 한다.
④ 숫자표현식 박스 안에 다음과 같이 나타나도록 입력한다.
MEAN(변수1, 변수2, 변수3, ... 변수n)
⑤ 창의 맨 아래에 나타나는 **확인**을 클릭한다.
⑥ SPSS 데이터 파일의 마지막 열에 상위변인명과 평균치가 새로 나타나 있음을 확인한다.

유의수준

1. 유의수준의 의미

유의확률이 .035로 나타났다고 가정하자. 이는 96.5%(=100-3.5)의 비교사례에서 차이가 나타났음을 의미한다. 즉, 0.05 유의수준에서 검증을 실시한다는 것은 95% 이상의 사례에서 차이가 나타나는 것을 기준으로 '차이가 있다'라는 결론을 내리겠다는 것을 의미한다.

2. 유의한 차이의 의미

학생유형	사례수	평균	표준편차
특기생	100	174.50	.##
일반학생	100	172.30	.##

위 표의 내용을 보고 특기생의 평균 신장이 일반학생의 평균 신장보다 더 크다는 결론을 내릴 수 있다. 그러나 이 평균 차이는 단순히 표본 선정에 의해 나타나는 것일 수 있다. 다시 말해서 다른 특기생 100명을 선정하여 새로 측정한 평균 신장은 174.5Cm보다 크거나 작게 나타날 것이다. 하지만 특기생의 평균 신장이 더 커지거나 작아졌다고 할 수 없다. 결국 통계분석을 토대로 유의미한 차이를 판단해야 한다.

3. 유의확률의 표기와 기입

과거에는 정확한 계산이 어려웠으므로 해당 통계치 옆에 1-3개의 별로 그 유의수준을 나타내었다(예. * p<.05, ** p<.01, *** p<.001). 최근에는 정확한 계산이 가능하므로 유의확률을 기입하는 추세이다.

탐색적 요인분석

1. 영문으로 Exploratory Factor Analysis(EFA)라 한다.

2. 적용 경우

개념적으로 정립되지 않은 변인, 다시 말해서 이론적 근거가 없어서 직접 개발하는 척도의 경우 실시한다.

3. 적용 목적

1) 항목들의 잠재적 공통요인 파악

다수 항목을 소수의 요인으로 분류한 다음 요인을 중심으로 분석을 실시하고자 할 때 적용한다.

2) 측정도구의 타당성 검증

하위변인들이 의도한 상위변인으로 묶여지는지를 확인해 줌으로써 측정도구의 타당성을 검증한다.

4. 요인회전방법

일반적으로 직각회전방법과 사각회전방법을 사용한다.

1) 직각회전(Varimax rotation)

이 방법은 요인 간 독립성을 유지, 다시 말해서 요인 간 상관관계를 허용하지 않는 방법이다. 비록 해석이 쉽지만 사회과학에서 요인 간 관계가 전혀 없음을 가정하는 것은 비현실적인 경우가 많다.

2) **사각회전**(Direct oblimin rotation)

이 방법은 요인 간 상관관계를 허용하는 방법이다. 따라서 해석이 직각회전보다 상대적으로 어렵지만 사회과학의 현실을 반영한다.

5. 통계 돌리는 방법

① 메뉴에서 **분석, 차원 감소, 요인분석** 순으로 클릭한다.

② 뜨는 창의 왼쪽 박스에서 분류하고자 하는 변인들을 모두 지정한 후 화살표를 클릭하여 오른쪽에 있는 변수로 옮긴다. 지정은 shift를 누른 상태에서 첫 변수를 클릭하고 마지막 변수를 클릭함으로써 이루어진다.

③ 오른쪽 끝에 보이는 **요인추출**을 클릭한 후 새로 뜨는 창 맨 위에 보이는 **방법** 박스에서 원하는 방법을 선택한다. 직각회전방법을 사용하고자 할 경우 목록에서 **주성분(principal components)**을 클릭하고 사각회전방법을 사용하고자 할 경우 목록에서 **최대우도(maximum likelihood)**를 클릭한다.

④ 추출에서 **고유값 기준**이 체크되어 있고 **다음 값보다 큰 고유값** 박스에 '1'이 나타나 있는지를 확인하고 **계속**을 클릭한다.

⑤ 다시 돌아온 창에서 **요인회전**을 클릭한 다음 새로 뜨는 창에서 원하는 회전방법을 지정하고 **계속**을 클릭한다.

⑥ 다시 돌아온 창 오른쪽에 위치하고 있는 **옵션** 박스를 클릭한 다음 결측값에서 **목록별 결측값 제외**를 체크하고 계수출력형식에서 **크기순 정렬**을 체크하고 **계속**을 클릭한다.

⑦ 다시 돌아온 창에서 **확인**을 클릭한다.

6. SPSS 결과 표

위 절차를 수행하면 총 5개의 결과표가 나타난다. 이 중 해석을 위해 살펴 볼 표는 '설명된 총분산'과 '회전된 성분행렬'의 제목으로 나타나는 표들이다. 표의 양식은 다음과 같고 편의상 필요한 부분에만 수치를 기입하였다.

설명된 총분산

성분	초기 고유값			추출 제곱한 적재값			회전 제곱합 적재값		
	합계	%분산	%누적	합계	%분산	%누적	합계	%분산	%누적
1				9.193	41.784	41.784			
2				1.826	8.300	50.085			
3				1.709	7.768	57.853			
4				1.368	6.219	64.072			
5				1.050	4.773	68.845			
6									
7									
8									
9									
10									
11									
12									
13									
14									
15									
·									
·									
·									
24									

◆ **유의사항**:

① 첫 '성분' 열에서 나타나는 1부터 24는 요인분석이 24개 항목에 적용되었음을 의미한다.

② 추출 제곱한 적재값의 합계가 아이겐값(고유치)을 나타낸다.

회전된 성분 행렬

	성분				
	1	2	3	4	5
인사성	.847	.147	.003	.038	.126
적극성	.810	.216	.017	.018	.023
예의성	.792	.256	.063	.000	.127
사교성	.781	.289	.034	.077	.038
성실성	.756	.279	.003	.126	.082
친절성	.724	.270	.027	.117	-.017
프로그램	.198	.881	.132	.097	.001
지도방법	.208	.821	.155	.066	.035
충분설명	.243	.816	-.041	.053	-.015
다양성	.149	.779	.089	.223	-.051
지도방법	.290	.720	.122	.027	.285
전문지식	.371	.700	.021	.052	-.060
주차공간	-.146	.073	.810	.124	.162
사우나	.026	-.086	.804	.113	.151
실내온도	.275	.028	.749	.117	-.005
청결상태	.211	.191	.685	.178	-.136
내부색상	.026	-.033	.562	.215	-.016
휴식공간	-.153	.149	.541	.352	.225
락카규모	.081	.091	.132	.806	.059
샤워용품	.074	.153	.190	.749	.179
샤워부스	.055	.116	.381	.741	.043
편의용품	.221	.124	.413	.583	-.033
운동복	-.034	-.033	.051	.082	.656
수건지급	.407	.093	.199	.197	.649
접근용이	.420	.197	.216	.075	.503

◆ **유의사항**: 2.35E-02 와 같은 수치가 나타날 수 있다. 이는 점을 왼쪽으로 2칸 옮긴 수치로 .0235를 의미한다. 마찬가지로 2.35E-03은 점을 왼쪽으로 3칸 옮긴 수치로 .00235를 의미한다.

7. SPSS 결과표 해석

1) 요인 수

'회전된 성분 행렬' 표에서 성분이 몇 개로 나타나는지를 본다. 이는 분석한 항목들이 5개 요인으로 분류되었음을 의미한다.

2) 전체변량의 설명력

'설명된 총분산' 표의 '추출 제곱합 적재값'에서 나타나는 **% 누적**을 본다. 마지막 **% 누적**은 요인분석에 의해 추출된 요인들이 전체변량의 몇 퍼센트를 설명하는지를 나타낸다.

→ 해당 표에서 % 누적은 68.845로 나타나고 있다. 따라서 요인분석에 의해 추출된 5가지 요인은 전체변량의 68.84%를 설명한다.

3) 요인별 구성 항목

'회전된 성분 행렬' 표에서 나타나는 수치(=요인 부하량)를 살펴본다. 요인 부하량이 클수록 해당 항목은 해당 요인과 상관관계가 높다고 해석되는데 보통 0.5 이상을 기준으로 항목을 요인으로 분류한다.

→ 인사성부터 친절성까지 요인 1의 구성항목, 프로그램부터 전문지식까지 요인 2, 주차공간부터 휴식공간까지 요인 3, 락카규모부터 편의용품까지 요인 4, 운동복부터 접근용이성까지 요인 5의 구성항목으로 구분된다.

4) 요인의 명칭

요인별 구성항목의 공통점을 찾아 요인명을 선정한다.

→ 요인 1로 분류된 인사성, 적극성, 예의, 사교성, 성실성과 친절성을 토대로 요인 1은 지도자 태도라 명칭 할 수 있다.

8. 요인분석 실시 문제

다음 경우에 해당 하위요인을 제거하고 요인분석을 다시 실시해야 하는데 항목 제거 시 또 다른 문제가 나타날 수 있다. 즉, 몇 차례 요인분석을 반복하여 최종적인 결과를 확보해야 할 수 있다.

① 0.5 이상 요인부하량을 나타내지 않는 항목이 존재하는 경우
② 2개 상위요인에서 높은 요인부하량을 나타내는 항목이 존재하는 경우
③ 상위요인이 한 개 항목으로만 구성되는 경우

◆ **유의사항**: 상위요인 수는 더 적게 혹은 더 많게 나타날 수 있다. 또한 비록 상위요인 수가 같을지라도 일부 항목이 다른 요인으로 분류될 수 있다. 이 경우 요인별 항목들의 공통점이 보이고 설명될 수 있다면 설문지는 타당성이 있는 것으로 판단되며, 기존 자료를 이용하여 가설검증 위한 분석을 실시할 수 있다. 다만 연구모형의 수정이 요구된다.

9. 논문을 위한 표 양식

다음 사항에 유의하면서 아래 표의 양식을 살펴본다.

① '아이겐값'을 '고유치'로 기입할 수 있다.

② 아이겐값, 분산(%), 누적(%)에 기입하는 수치는 '설명된 총분산' 표의 '추출 제곱한 적재값' 열에서 찾아서 기입한다.

③ 신뢰도는 Cronbach's 알파 값으로 기입한다.

④ 다음 표의 양식에서 나타나는 것과 같이 요인부하량을 밑줄 또는 음영으로 구분한다.

⑤ 항목의 기입방법은 두 가지이다. 방법 2는 흔히 볼 수 있는 양식이나 저자는 보다 구체적인 방법 1을 선호한다. 특히 설문지를 살펴볼 수 없는 학술지 논문에서는 더욱더 그렇다.

항목 기입방법 1

요인 / 항목	1 지도자태도	2 지도자자질	3 시설환경	4 탈의실	5 편의성
인사성	.847	.147	.003	.038	.126
적극성	.810	.216	.017	.018	.023
예의성	.792	.256	.063	.000	.127
사교성	.781	.289	.034	.077	.038
성실성	.756	.279	.003	.126	.082
친절성	.724	.270	.027	.117	-.017
프로그램	.198	.881	.132	.097	.001
지도방법	.208	.821	.155	.066	.035
충분설명	.243	.816	-.041	.053	-.015
집중운동	.260	.724	-.127	.148	.210
지도방법	.290	.720	.122	.027	.285
전문지식	.371	.700	.021	.052	-.060
주차공간	-.146	.073	.810	.124	.162
사우나	.026	-.086	.804	.113	.151
실내온도	.275	.028	.749	.117	-.005
청결상태	.211	.191	.685	.178	-.136
내부색상	.026	-.033	.562	.215	-.016
휴식공간	-.153	.149	.541	.352	.225
락카규모	.081	.091	.132	.806	.059
샤워용품	.074	.153	.190	.749	.179
샤워부스	.055	.116	.381	.741	.043
편의용품	.221	.124	.413	.583	-.033
운동복	-.034	-.033	.051	.082	.656
수건지급	.407	.093	.199	.197	.649
접근용이	.420	.197	.216	.075	.503
아이겐값	9.193	1.826	1.709	1.368	1.050
분산(%)	41.784	8.300	7.768	6.219	4.773
누적(%)	41.784	50.085	57.853	64.072	68.845
신뢰도	.88	.86	.82	.78	.76

항목 기입방법 2

항목 \ 요인	1	2	3	4	5
지도자태도1	.847	.147	.003	.038	.126
지도자태도2	.810	.216	.017	.018	.023
지도자태도4	.792	.256	.063	.000	.127
지도자태도3	.781	.289	.034	.077	.038
지도자태도5	.756	.279	.003	.126	.082
지도자태도6	.724	.270	.027	.117	-.017
지도자자질4	.198	.881	.132	.097	.001
지도자자질1	.208	.821	.155	.066	.035
지도자자질2	.243	.816	-.041	.053	-.015
지도자자질3	.260	.724	-.127	.148	.210
지도자자질5	.290	.720	.122	.027	.285
지도자자질6	.371	.700	.021	.052	-.060
시설환경1	-.146	.073	.810	.124	.162
시설환경2	.026	-.086	.804	.113	.151
시설환경6	.275	.028	.749	.117	-.005
시설환경5	.211	.191	.685	.178	-.136
시설환경3	.026	-.033	.562	.215	-.016
시설환경4	-.153	.149	.541	.352	.225
탈의실3	.081	.091	.132	.806	.059
탈의실4	.074	.153	.190	.749	.179
탈의실1	.055	.116	.381	.741	.043
탈의실2	.221	.124	.413	.583	-.033
편의성1	-.034	-.033	.051	.082	.656
편의성2	.407	.093	.199	.197	.649
편의성3	.420	.197	.216	.075	.503
아이겐값	9.193	1.826	1.709	1.368	1.050
분산(%)	41.784	8.300	7.768	6.219	4.773
누적(%)	41.784	50.085	57.853	64.072	68.845
신뢰도	.88	.86	.82	.78	.76

신뢰도 분석

1. 선호 방법

Likert 척도로 측정한 하위변인들이 상위변인을 일관성 있게 측정하는가를 나타내는 Cronbach's 알파(alpha) 값을 산출하여 판단하는 방법이 보편적으로 선호되고 있다.

2. Cronbach's 알파 값 산출방법

① 메뉴에서 **분석, 척도, 신뢰도 분석** 순으로 클릭한다.

② 뜨는 창의 **모형 박스** 안에 알파가 나타나 있음을 확인하고 왼쪽 박스에서 검정하고자 하는 상위변인의 모든 하위변인들을 **항목 박스**로 옮긴다.

◆ **유의사항**: 신뢰도 분석은 요인분석에 의해 함께 묶어진 항목들을 가지고 실시한다.

③ **확인**을 클릭한다.

3. SPSS 결과표와 해석

이상의 절차대로 수행하면 두 개 표가 뜨는데 알파 값은 두 번째 표에 나타난다. 알파 값은 높을 수록 신뢰도가 높다고 판단되며 탐색적 조사 단계에서 0.6은 수용 가능하지만 보통 0.7 이상이어야 한다.

Cronbach의 알파	항목 수
.###	#

4. 신뢰도가 낮게 나타나는 경우

같은 요인으로 분류되었지만 다른 구성항목들과 잘 어울리지 않는 항목으로 인해 신뢰도가 낮게 나타날 수 있다. 이 경우 다음과 같은 접근방법이 그 항목을 알아보는데 도움이 될 수 있다.

먼저, 앞의 Cronbach's 알파 값 산출방법에서 ①, ②의 절차를 수행한 다음 **통계량**을 클릭한다. 이어 새로 뜨는 창의 왼쪽 상단에 보이는 **항목제거시 척도**를 체크하고 **계속**을 클릭한 다음 돌아온 창에서 **확인**을 클릭한다.

이를 통해 아래 양식을 가진 표가 나타나는데 마지막 열은 특정 항목이 제거되었을 경우의 알파 값을 나타낸다. 만약 특정 항목을 제거함으로써 알파 값이 많이 높아진다거나 낮은 값에서 수용할 수 있는 값으로 높아진다면, 해당 항목을 자료 분석에서 제거한다. 하지만 특정 항목을 제거함으로써 알파 값이 단순히 약간 높아진다는 이유로 해당 항목을 제거하는 것은 바람직하지 않다. 왜냐하면 여러 가지 항목을 토대로 상위변인을 측정하였다는 것도 중요하기 때문이다.

	항목이 삭제된 경우 척도 평균	항목이 삭제된 경우 척도 분산	수정된 항목-전체 상관관계	항목이 삭제된 경우 Cronbach 알파
항목1				
항목2				
항목3				
항목4				

5. 논문을 위한 표 양식

요인분석 표의 맨 아래 줄에 나타낸다.[9)]

6. 논문내용의 작성

예) 신뢰도 지수인 Cronbach's α를 산출한 결과 <표 #>에서 나타나는 것과 같이 서비스 품질의 '프로그램 품질'은 .905, '지도자 품질'은 .810, '시설 품질'은 .785, '환경 품질'은 .908로 나타나 측정척도는 각각 신뢰도가 높은 것으로 판단되었다.

9) pp. 93~94에 나타나는 표 참조

t-검정

1. 명칭

t 검증이라고도 하며, 영문으로 t-test이라고 한다.

2. 적용 경우

2개 집단 간의 평균 차이를 검정하고자 할 경우에 적용된다. 집단변인은 두 개 집단으로 구성되어 있는 명명척도[10] 변인이고 검정변인은 연속적인 등간척도 또는 비율척도 변인이다.

예) 학생유형에 따라 식당에 대한 만족도에 차이가 있는가?
학생유형 : 1= 특기생, 2=일반학생
만족도 : 1=매우 불만, 2=불만, 3=보통, 4=만족, 5=매우 만족

3. T 검정 방법

① **독립표본 T 검정** : 독립된 표본 간의 차이를 검정한다.
예) 남과 여, 회원과 비회원, 미혼과 기혼

② **대응표본 T 검정** : 같은 표본으로부터 확보한 자료를 분석하지만 실험을 실시하기 전의 평균과 실시한 후의 평균을 비교한다.
예) 교육프로그램 참여 전과 참여 후의 시험점수를 비교

10) pp. 76~77 참조

4. 통계 돌리는 방법

1) 독립표본 T 검정

① 메뉴에서 **분석, 평균비교** 순으로 클릭한 다음 **독립표본 T 검정** 방법을 체크한다.

② 뜨는 창의 왼쪽 박스에서 대상자를 2개 집단으로 분류하는 변인을 선택한 다음 화살표를 클릭하여 오른쪽 아래에 있는 **집단 변수** 박스로 옮긴다.

③ 집단변수 박스 바로 아래에 나타나는 **집단 정의**를 클릭한 다음 새로 뜨는 창 위에 나타나는 '집단 1' 박스에 1을 입력하고 '집단 2' 박스에 2를 입력하고 **계속**을 클릭한다.

④ 왼쪽 박스에서 검정하고자 하는 변인을 클릭한 다음 화살표를 클릭하여 오른쪽 위에 있는 **검정변수** 박스로 옮기고 **확인**을 클릭한다.

2) 대응표본 T 검정

① 메뉴에서 **분석, 평균비교** 순으로 클릭한 다음 **대응표본 T 검정** 방법을 체크한다.

② 뜨는 창의 왼쪽 박스에서 비교하고자 하는 사전 평균과 사후 평균에 해당하는 2개 변인들을 클릭하고 화살표를 이용하여 오른쪽에 나란히 나타나도록 한다.

③ **확인**을 클릭한다.

5. SPSS 결과 표

1) 독립 표본 T 검정 결과

'독립표본 검정'의 결과표는 다음과 같다. 공간상 마지막 4개 열은 나타내지 않았다.

		Levens의 등분산 검정		평균의 동일성에 대한 t- 검정		
		F	유의확률	t	자유도	유의확률(양쪽)
만족도	등분산이 가정됨					
	등분산이 가정되지 않음					
열1	열2	열3	열4	열5	열6	열7

2) 대응표본 T 검정 결과

'대응표본 검정'의 결과표는 다음과 같다.

	평균	표준 편차	평균의 표준오차	차이의 95% 신뢰구간		t	자유도	유의확률 (양쪽)
				하한	상한			
대응 1 사전점수-사후점수								

6. SPSS 결과표 해석

1) 독립표본 T 검정 결과표

① 'Levens의 등분산 검정'에 해당하는 유의확률(열4)을 살펴본다. 유의확률이 0.05보다 작으면 두 독립 집단의 분산이 동일하지 않은 것으로 해석된다. 반면에 유의확률이 0.05보다 크면 두 독립 집단의 분산은 동일한 것으로 해석된다.

② 두 독립 집단의 분산이 동일한 경우 '등분산이 가정됨'에 해당하는 t값,

자유도와 유의확률(양방검정)을 살펴보고, 두 독립 집단의 분산이 동일하지 않는 경우 '등분산이 가정되지 않음'에 해당하는 t값, 자유도와 유의확률(양방검정)을 살펴본다.

③ '평균의 동일성에 대한 t-검정'에서 해당하는 유의확률이 0.05보다 작으면, 집단 간에 차이가 있는 것으로 해석되며 반면에 유의확률이 0.05보다 크면 집단 간에 차이가 없는 것으로 해석된다.

④ 차이가 있을 경우 '집단통계량' 표에 나타나는 평균을 직접 비교한다.

2) 대응표본 T 검정 결과표

① 유의확률이 0.05보다 작으면, 집단 간에 차이가 있는 것으로 해석되며 반면에 0.05보다 크면 집단 간에 차이가 없는 것으로 해석된다.

② 차이가 있을 경우 '대응표본 통계량' 표에 나타나는 평균을 직접 비교한다.

7. 논문을 위한 표 양식

1) 독립표본 T 검정

① 한 개 집단변인의 경우

	구분	사례수	평균	표준편차	t값	유의확률
성별	남	#	#.##	#.##	#.##	.###
	여	#	#.##	#.##		

② 두 개 이상 집단변인의 경우

특성	구분	사례수	평균	표준편차	t값	유의확률
성별	남	#	#.##	#.##	#.##	.###
	여	#	#.##	#.##		
결혼여부	미혼	#	#.##	#.##	#.##	.###
	기혼	#	#.##	#.##		

2) 대응표본 T 검정

		사례수	평균	표준편차	t값	유의확률
대응1	사전	#	#.##	#.##	#.##	.###
	사후	#	#.##	#.##		

8. 논문내용의 작성

1) 독립표본 T 검정

0.05 유의수준에서 독립표본 t 검정을 실시하여 회원의 성별에 따른 만족도의 차이를 검정한 결과, <표 #>에서 보는 바와 같이 유의한 차이가 나타났다(t=#.##, p=.###). 여성(M=#.##, SD=.##)이 남성(M=#.##, SD=.##)보다 만족도가 더 높은 것으로 나타났다.

2) 대응표본 T 검정

0.05 유의수준에서 대응표본 t 검정을 실시하여 직원의 학습여부에 따른 성과의 차이를 검정한 결과, <표 #>에서 보는 바와 같이 유의한 차이가 나타났다(t=#.##, p=.###). 학습 후 성과(M=#.##, SD=.##)가 학습 전 성과(M=#.##, SD=.##)보다 더 높은 것으로 나타났다.

일원변량분석

1. 명칭

일원배치 분산분석이라고도 하며 영문으로는 one-way ANOVA라 한다.

2. 적용 경우

2개 이상 집단 간의 평균 차이를 검증하고자 할 경우에 적용된다. 집단변인은 대상자를 2개11) 이상의 집단으로 분류하는 명명척도 변인이고, 검정변인은 평균의 산출이 가능한 연속적 변인(등간척도나 비율척도)이어야 한다.

예1) 학년에 따라 식당 이용횟수에 차이가 있는가?
학년 : 1=1학년, 2=2학년, 3=3학년, 4=4학년
이용횟수 : 평균 주 (　)회

예2) 과계열에 따라 교육과정에 대한 만족도에 차이가 있는가?
과계열 : 1= 자연계, 2=인문계, 3=예체능
만족도 : 1=매우 불만, 2=불만, 3=보통, 4=만족, 5=매우 만족

3. 검증 사항

만약 4개 학과가 있고 '학과에 따라 전공 만족도에 차이가 있을 것이다'의 가설을 검증하고자 한다면, 아래와 같이 모든 학과 간의 전공만족도의 차이

11) 일원변량분석에서 집단변인은 t-검정에서와 같이 2개 집단으로 구성될 수 있다. 만약 2개 집단으로 구성한 변인이 3개 집단으로 구성된 변인과 함께 분석된다면, 2개 집단으로 구성된 변인을 t-검증이 아닌 같은 일원변량분석으로 실시하는 것이 바람직하다.

를 검증해야 할 것이다. 일원변량분석은 모두 한 번에 실시하며 어느 한 부분에서라도 차이가 있을 경우 차이가 있다는 결과를 나타낸다.

A 학과의 만족도 평균 = B 학과의 만족도 평균
A 학과의 만족도 평균 = C 학과의 만족도 평균
A 학과의 만족도 평균 = D 학과의 만족도 평균
B 학과의 만족도 평균 = C 학과의 만족도 평균
B 학과의 만족도 평균 = D 학과의 만족도 평균
C 학과의 만족도 평균 = D 학과의 만족도 평균

◆ **유의사항**: C 학과의 만족도 평균과 D학과의 만족도 평균 간에 차이가 있을 경우 일원변량분석은 차이가 있다고 나타낼 뿐 그 차이가 C 학과와 D 학과 간에 있다는 것을 나타내지 않는다.

4. 통계 돌리는 방법

① 메뉴에서 **분석, 평균 비교, 일원배치분산분석** 순으로 클릭한다.

② 뜨는 창의 왼쪽 박스에서 분석하고자 하는 종속변인을 클릭한 후 화살표를 클릭하여 오른쪽 위에 보이는 **종속변수** 박스로 옮긴다.

◆ **유의사항**: 아래 방법으로 한 번에 여러 변수를 이동시킬 수 있다.
- Ctrl를 누른 상태에서 원하는 변수를 모두 클릭한다.
- Shift를 누른 상태에서 변수1과 변수n을 클릭하여 사이에 있는 변수들까지 블록 시킨다.

③ 왼쪽 박스에서 집단변수를 선택한 다음 화살표를 클릭하여 오른쪽에 있는 **요인** 박스로 옮긴다.

◆ **유의사항**: 변수 A에 따른 변수 B의 차이검증에서 변수 A가 집단을 구분하는 변수이다.

④ **옵션**을 클릭한 다음 새로 뜨는 창에서 **기술통계**를 체크하고 **계속**을 클릭한다.

◆ **유의사항**: 옵션으로 한번 평균을 체크하면 다음 분석부터 체크하지 않아도 된다.

⑤ 전 창으로 돌아가서 **확인**을 클릭한다.

5. SPSS 결과표 양식

	N	평균	표준 편차	표준 오차	평균에 대한 95% 신뢰구간		최소값	최대값
					하한값	상한값		
만족도 1.00	257	3.8872	.78272	.04882	3.7910	3.9833	1.00	5.00
2.00	118	4.0932	.83249	.07664	3.9414	4.2450.	1.33	5.00
합계	375	3.9520	.80333	.04148	3.8704	4.0336	1.00	5.00
구매의도 1.00	262	4.2077	.68822	.04252	4.1240	4.2914	1.75	5.00
2.00	120	4.2299	.69420	.06337	4.1044	4.3553	2.25	5.00
합계	382	4.2147	.68927	.03527	4.1453	4.2840	1.75	5.00

		제곱합	자유도	평균 제곱	F	유의확률
만족도	집단-간	3.434	1	3.434	5.383	.021
	집단-내	237.924	373	.638		
	합계	241.358	374			
구매의도	집단-간	.040	1	.040	.085	.771
	집단-내	180.969	380	.476		
	합계	181.009	381			

6. SSPS 결과표 해석

① 두 번째 표의 마지막 열에서 '유의확률'을 확인한다. 만약 유의확률이 0.05보다 작으면 차이가 있다고 해석한다.
→ 앞의 표에 의하면, 집단에 따라 만족도에는 차이가 있으나 구매의도에는 차이가 없는 것으로 해석된다.

② 2개 집단 간에 차이가 나타났을 경우 첫 번째 결과표에 나타나는 평균을 비교한다.
→ 차이가 나타난 만족도의 경우 집단 2(4.0932)가 집단 1(3.8872)보다 더 높은 것으로 해석된다.

③ 3개 집단 간에 차이가 나타났을 경우 사후검정분석[12)]을 실시한다.

7. 논문을 위한 표 양식

① 두 개 SPSS 결과표의 내용을 아래와 같은 양식으로 한 개의 표로 통합한다.

소비행동		평균	표준편차	F값	유의확률
만족도	남	3.88	.782	5.383	.021
	여	4.09	.832		
구매의도	남	4.20	.688	.085	.771
	여	4.22	.694		

② 위 표의 첫 행에 해당하는 내용을 다음과 같이 M, SD, F, p로 나타낼 수도 있다.

소비행동		M	SD	F	p
만족도	남	3.88	.78	5.383	.021
	여	4.09	.83		
구매의도	남	4.20	.688	.085	.771
	여	4.22	.694		

12) p. 108 참조

8. 논문내용의 작성

0.05 유의수준에서 일원변량분석을 실시하여 성별에 따른 만족도와 구매의도의 차이를 검증한 결과, <표 #>에서 보는 바와 같이 성별에 따라 만족도(F=5.383, p=.021)에는 유의한 차이가 있는 것으로 나타났고, 구매의도(F=.085, p=.771)에는 유의한 차이가 없는 것으로 나타났다. 구체적으로 여성(M=4.09, SD=.83)이 남성(M=3.88, SD=.78)보다 만족도가 더 높은 것으로 나타났다.

사후검정분석

1. 영문으로 post hoc test라 한다.

2. 적용 경우

일원변량분석에 의해 차이가 있다고 나타났을 경우 어느 집단 간에 차이가 있는지를 알아보기 위해 적용한다. 다만 3개 이상의 집단 간의 차이를 살펴볼 때에만 적용가능하다.

3. 검정방법 종류

여러 가지 사후검정방법이 존재한다. 모두 방법을 개발한 학자의 이름으로 명칭 되어있는데 그 중 자주 사용되고 있는 방법은 Tukey, Duncan과 Scheffe 이다.

4. 검정방법의 선정

보통 세부집단의 사례수를 고려하여 검정방법을 선정한다.

① **집단의 사례수가 동일한 경우** (예를 들어 학년에 따른 차이를 검증하기 위하여 학년별 50명을 대상으로 선정하였을 경우) Tukey 또는 Duncan 방법을 선호한다.

② **집단의 사례수가 동일하지 않은 경우** Scheffe 방법을 선호한다.

5. 사후검정 방법의 차이

① "Tukey는 공학, Duncan은 사회과학 쪽에서 활동한 분들이라서, 현재에도 자연과학, 공학 등에서 실험을 할 경우에는 Tukey의 방법을 주로 이용하며, 사회과학, 심리학, 교육학 등과 설문조사일 경우에는 주로 Duncan을 이용하고 있는 추세"이다(http://sharin62.egloos.com/viewer/ 4658523).

② Scheffe는 가장 엄격한 방법이다. 따라서 Tukey와 Duncan에 의해 나타나는 차이는 Scheffe에 의해 나타나지 않을 수 있다. 한편, Tukey와 Duncan를 비교할 때, Tukey가 더 엄격하다.

6. 통계 돌리는 방법

① 일원변량분석의 1-4 단계를 수행한다. 다만 차이가 나타난 변수만 종속변수 박스로 옮긴다.

◆ **유의사항**: 일원변량분석과 사후검정을 동시에 실시할 수 있으나, 이 경우 불필요한 표가 많이 나타나므로 본 저자는 차이가 나타난 변수에 대해서만 2차로 사후검정을 실시할 것을 권유한다.

② **사후분석**을 클릭한 다음 원하는 사후검정 방법을 클릭하고 **계속**을 클릭한다.

③ **확인**을 클릭한다.

7. SPSS 결과 표

3개 이상의 표가 나타나는데 첫 번째 표는 일원변량분석의 결과표이다. 두 번째 표는 사후검정의 결과표로 다음과 같은 양식을 갖추고 있다.

(I) 학과	(J) 학과	평균차(I-J)	표준오차	유의확률	95% 신뢰구간 하한값	95% 신뢰구간 상한값
1.00	2.00	.0000	.3705	1.000	-1.1070	1.1070
	3.00	-1.1250	.3930	.064	-2.2991	4.910E-02
	4.00	-2.0833*	.4143	.000	-3.3209	-.8457
2.00	1.00	.0000	.3705	1.000	-1.1070	1.1070
	3.00	-1.1250*	.2929	.008	-2.0001	-.2499
	4.00	-2.0833*	.3209	.000	-3.0420	-1.1247
3.00	1.00	1.1250	.3930	.064	-4.9100E-02	2.2991
	2.00	1.1250*	.2929	.008	.2499	2.0001
	4.00	-.9583	.3466	.078	-1.9938	7.713E-02
4.00	1.00	2.0833*	.4143	.000	.8457	3.3209
	2.00	2.0833*	.3209	.000	1.1247	3.0420
	3.00	.9583	.3466	.078	-7.7126E-02	1.9938
열1	열2	열3	열4	열5	열6	열7

8. SPSS 결과표 해석

① 유의확률(열5)을 살펴본다. 만약 0.05보다 작으면 해당 집단들 간에 차이가 있다고 해석된다.

◆ **유의사항**: 차이가 있는 집단은 해당 '평균차(I-J)' 수치 옆에 별표가 나타난다. 이상의 표에 의하면 (1과 4), (2와 3) 그리고 (2와 4)간에 차이가 있다.

② 두 개 집단 간에 차이가 나타날 경우 '평균차(I-J)'(열3)를 살펴봄으로써 어느 집단의 평균이 상대적으로 더 크고 작은지를 구분한다. 평균차는 'I 집단의 평균 - J 집단의 평균'을 계산한 것으로 수치가 플러스(+)이면 I 집단의 평균이 상대적으로 더 큰 것으로 해석되고, 반대로 수치가 마이너스(-)이면 I 집단의 평균이 상대적으로 더 작은 것으로 해석된다.

예) 학과1의 평균 - 학과4의 평균 = -2.0833

→ 학과4의 평균 > 학과1의 평균

나머지 평균차를 살펴보면, 다음 결과를 얻게 된다.

학과3의 평균 > 학과2의 평균
학과4의 평균 > 학과2의 평균

③ 가능한 경우 여러 결론들을 종합한다.

예) 위 표에서 1학과와 2학과 사이에 차이가 나타나지 않았으므로,
4 > 1, 4 > 2 → 4 > 1, 2

9. 논문을 위한 표 양식

① 일원변량분석표에 '사후검정' 열을 삽입한다.

② 사후검정 열에 필요한 내용을 모두 기입할 수 있을 때 양식은 다음과 같다.

검정변인	집단	평균	표준편차	F	유의확률	사후검정
만족도	10대					
	20대					30대> 10, 20대
	30대					

③ 사후검정 열에 필요한 내용을 모두 기입할 수 없을 때 양식은 다음과 같다.

검정변인	집단	평균	표준편차	F	유의확률	사후검정
만족도	1. 유아체육					
	2. 사회체육					3>1, 2
	3. 특수체육					

10. 논문내용의 작성

0.05 유의수준에서 일원변량분석을 실시하여 학과에 따른 교육과정 만족도의 차이를 검증한 결과, <표 #>에서 보는 바와 같이 유의한 차이가 있는 것

으로 나타났다(F=#.##, p=.###). 이에 대해 Scheffe 사후비교분석을 실시한 결과, 특수체육과 학생(M=#.##, SD=.##)이 유아체육 학생(M=#.##, SD=.##)과 사회체육과 학생(M=#.##, SD=.##)에 비해 만족도가 높은 것으로 나타났다.

◆ **유의사항**: "특수체육이 유아체육과 사회체육보다 만족도가 높다"고 표현하는 경향이 있다. 하지만 대상을 OO체육과 학생 아니면 OO체육 전공생으로 기술하는 것이 바람직하다. 마찬가지로 "100만원 미만이 100만원 이상보다 만족이 높다"는 "100만원 미만의 소득자가 100만원 이상 소득자보다 만족이 높다"로 기술하는 것이 바람직하다.

이원변량분석

1. 명칭

이원배치 분산분석이라고도 하며 영문으로 two-way ANOVA라 한다.

2. 적용 경우

두 개 집단변인(명명척도, 서열척도)에 따라 검정변인(등간척도, 비율척도)의 평균에 차이가 있는가와 두 개 집단변인에 상호작용 효과가 있는가를 알아보고자 할 경우 적용한다.

3. 검정 사항

집단변인이 성별과 결혼여부이고 검정변인이 스포츠참여도라면 이원변량분석을 실시함으로써 다음 질문을 답할 수 있다.

① 성별에 따라 스포츠참여도에 차이가 있는가?
② 결혼여부에 따라 스포츠참여도에 차이가 있는가?
③ 성별과 연령에 상호작용 효과가 있는가?

◆ 유의사항:

① 상호작용 효과는 성별에 따라 차이가 없고 연령에 따라 차이가 없어도 성별과 연령을 같이 고려하여 구분한 집단 간에 차이가 나타나는 경우를 의미한다.
② 첫 번째와 두 번째 질문은 일원변량분석을 개별적으로 실시함으로써 판단할 수 있다.

4. 실시 조건

각 집단에 해당하는 모집단의 분산이 같아야 한다.

5. 통계 돌리는 방법

① 메뉴에서 **분석, 일반선형모형, 일변량** 순으로 클릭한다.

② 뜨는 창의 왼쪽 박스에서 분석하고자 하는 변수들을 해당 **종속변수**와 **모수요인** 박스로 옮긴다.

③ 오른쪽 맨 위에 보이는 **모형**을 클릭한 다음 새로 뜨는 창의 모형설정에서 **완전요인모형(A)**을 체크하고 **계속**을 클릭한다.

④ 돌아온 창에서 **옵션**을 클릭한 다음 '표시'의 **동질성 검정(H)**을 체크하고 **계속**을 클릭한다.

⑤ 돌아온 창에서 **확인**을 클릭한다.

6. SPSS 결과표

아래 표들이 해석 위해 필요한 것들이다.

오차 분산의 동일성에 대한 Levene의 검정

F	df1	df2	유의확률

개체 – 간 효과 검정

소스	제 III 유형 제곱합	자유도	평균 제곱	F	유의확률
수정 모형					
절편					
성별					
결혼여부					
성별*결혼여부					
오차					
합계					
수정 합계					

7. SPSS 결과표 해석

① '오차 분산의 동일성에 대한 Levene의 검정' 표에서 유의확률이 0.05보다 크면 집단의 분산이 같아야 한다는 이원변량분석의 실시조건이 충족된다.

② '개체-간 효과 검정' 표에서 개별 집단변수(변인1, 변인2)의 유의확률이 0.05보다 작으면 해당 변수에 따라 검정변인에 차이가 있다고 해석한다.

③ '개체-간 효과 검정' 표에서 집단변수의 상호작용(변인1*변인2)의 유의확률을 0.05보다 작으면 두 개 변인에 상호작용 효과가 있다고 해석한다.

8. 이원변량분석에 따른 사후검정

1) 상호작용 효과가 없을 경우

차이가 나타난 집단변인에 적합한 방법(평균비교 혹은 사후검정분석)을 선택하여 어느 구성집단 간에 어떤 차이가 있는가를 파악한다.

2) 상호작용 효과가 있을 경우

① 성별과 결혼여부에 상호작용 효과가 있다면, 기혼 남자, 미혼 남자, 기혼

여자, 미혼 여자의 4개 집단 간의 평균 차이에 대해 사후검정분석을 실시하여 그 효과를 파악할 수 있다.

② 통계 돌리는 방법의 3단계를 마치고 돌아온 창에서 **도표**를 클릭한 다음 상호작용하는 변인들 중에서 구성집단 수가 적은 것을 **수평축 변수**로 옮기고 다른 변인을 **선구분 변수** 박스로 옮긴다. 그리고 같은 창에서 **추가, 계속** 순으로 클릭한 다음 돌아온 창에서 **확인**을 클릭한다. 마지막으로 이로 인해 나타나는 도표를 관찰함으로써 효과를 파악한다.

9. 논문을 위한 표 양식

변량원	제곱합	자유도	평균 제곱	F	유의확률
성별 결혼여부 성별*결혼여부 오차 합계					

10. 논문내용의 작성

<표 #>에서 나타나는 것과 같이 성별(F=, p=)과 연령(F= , p=)에 따라 선호도에 차이가 있는 것으로 나타났다. 차이를 비교한 결과, 남자(M = , SD=)가 여자(M= , SD=)보다 그리고 40대(M= , SD=)가 50대(M= , SD=)보다 스포츠 참여도가 높은 것으로 나타났다. 또한 성별과 연령에는 유의미한 상호작용 효과(F= , p=)가 있는 것으로 나타났는데 사후검정을 실시한 결과, 연령이 낮은 남자일수록 참여도가 높은 것으로 나타났다.

공변량분석

1. 명칭

공분산분석이라고도 하며 영문으로 Analysis of Covariance 라 한다.

2. 적용 경우(설명보다 예시로 기입함)

① 집단1에게 방법1, 집단2에게 방법2로 지도한 후 집단 간의 운동기량에 차이가 있는가를 검증하고자 할 때 '지도 전 운동기량'이 더 높은 집단은 '지도 후 운동기량'도 더 높게 나타날 수 있으므로 '지도 전 운동기량'(공변량)을 통제해야 한다. 이 경우 공변량분석을 실시한다.

② 변인 C(공변량)가 변인 D에 미치는 영향을 통제하면서 변인 A와 변인 B만이 변인 D에 미치는 영향을 살펴보고자 할 때 적용한다.[13)]

3. 통계 돌리는 방법

① **분석, 일반선형모형, 일변량** 순으로 클릭한다.

② 뜨는 창의 왼쪽 박스에서 **자극 후 반응**에 해당하는 변수를 **종속변수** 박스로 옮기고 **집단변인**을 **모수요인** 박스로 옮기고 **자극 전 반응**에 해당하는 변수를 **공변량** 박스로 옮긴다.

③ 같은 창에서 **모형**을 클릭하고 새로 뜨는 창에서 **완전요인모형**을 체크하

13) 이 경우에 해당하는 공변량분석은 매우 복잡하기 때문에 본 책이 표적하는 초보자에 의해 드물게 사용되어서 내용에서 제외시켰음.

고 **계속**을 클릭한다.

④ 돌아온 창에서 **옵션**을 클릭하고 새로 뜨는 창의 왼쪽 박스에서 **모수요인**을 **평균 출력 기준** 박스로 옮기고 아래 표시 부분에서 **기술통계량**과 **동질성 검정**을 체크하고 **계속**을 클릭한다.

⑤ 돌아온 창에서 **확인**을 클릭한다.

4. SPSS 표 해석

① '오차 분산의 동일성에 대한 Levene의 검정' 표에서 유의확률이 0.05보다 크면 집단 간의 등분산 가정이 충족된다고 해석한다.

② '개체-간 효과 검정' 표에서 공변량 변인에 해당하는 유의확률이 0.05보다 작으면 '자극 전 반응' 측정치가 '자극 후 반응' 측정치에 유의한 영향을 미친다고 해석한다. 이에 따라 공변량분석의 실시가 타당하다는 것을 알 수 있다.

③ '개체-간 효과 검정' 표에서 모수(집단)변인에 해당하는 유의확률이 0.05보다 작으면 '자극 전 반응' 측정치가 미치는 영향을 통제한 상태에서 '자극 후 반응' 측정치는 집단에 따라 유의한 차이가 있다고 해석한다.

5. 논문을 위한 표 양식

	지도 전		지도 후		교정 사후	
	M	SD	M	SD	M	SD
지도방법1						
지도방법2						
합계						
교정사후 공분산 분석 F=, p=						

① 교정 사후의 M과 SD는 '마지막 추정된 주변평균' 표에 나타나 있다.

② 지도 후 평균과 표준편차는 '기술통계량' 표에 나타나 있다.

③ 지도 전 평균과 표준편차는 아래와 같이 구한다.
－메뉴에서 **분석, 평균비교, 일원배치 분산분석** 순으로 클릭한 다음 왼쪽 박스에서 **자극 전 반응** 변수를 **종속변수** 박스로 옮기고 **집단변인**을 **요인** 박스로 옮긴다. 그 다음 같은 창에서 **옵션**을 클릭하고 새로 뜨는 창에서 **기술통계**를 체크하고 **계속**을 클릭한다. 마지막으로 **확인**을 클릭하고 이에 따라 나타나는 출력결과의 '기술통계' 표를 살펴본다.

④ 표 아래에 나타나는 '교정사후 공분산 분석 F=, p='는 '개체-간 효과 검정' 표에서 모수변인(집단변인)에 해당하는 F 값과 유의확률이다.

6. 논의 내용

체육입시학원에서 방법1로 지도받은 원생과 방법2로 지도받은 원생 간의 운동기량 차이를 검정하기 위해 교정된 사후 운동기량수준을 토대로 공분산 분석을 0.05 유의수준에서 실시한 결과, <표 #>에서 보는 바와 같이 집단 간 유의미한 차이가 있는 것으로 나타났다(F=, p=). 방법1로 지도받은 원생(M= , SD=)[14]이 방법2로 지도받은 원생(M= , SD=)보다 더 높은 것으로 나타났다.

14) 교정 사후에 해당하는 평균과 표준편차를 기입한다.

카이검증

1. 명칭

카이검증이라 하면 보통 피어슨 카이 스퀘어 검증을 의미한다. 이 피어슨 카이 스퀘어 검증을 교차분석이라고 하는 사람들이 있으나, 일종의 교차분석이라고 하는 것이 정확하다. 영문으로는 Pearson Chi-square test이라 한다.

2. 적용경우

카이검증은 집단 간의 빈도를 비교하기 위해 적용하는 것이다. 따라서 변인 A에 따른 변인 B의 차이검증에서 변인 A와 변인 B가 비연속적인 명명척도나 서열척도일 경우에 적용된다.

예1) 스포츠센터 회원의 성별에 따라 가입목적에 차이가 있는가?
변인 A (성별): 1=남, 2=여
변인 B (가입목적): 1=스트레스 해소, 2=체중관리, 3=운동학습

예2) 학년에 따라 식당 이용횟수에 차이가 있는가?
변인 A (학년): 1=1학년, 2=2학년, 3=3학년, 4=4학년
변인 B (이용횟수): 1= 0-1회, 2= 2-3회, 3= 4-5회, 4= 6회 이상

3. 검증 사항

100명의 대상자로부터 '예1'과 관련하여 얻은 자료에 기술통계를 실시한 결과가 아래와 같다고 가정하자.

가입목적 / 성별	스트레스 해소	체중관리	운동학습	합계
남				40
여				60
합계	30	50	20	100

만약 성별에 따라 가입목적에 차이가 없다면, 각각의 가입목적을 답한 사람 가운데 40%가 남성이고 60%가 여성이어야 한다. 해당 수치는 아래 표에 **기대빈도**로 나타나 있다.

가입목적 / 성별	스트레스 해소	체중관리	운동학습	합계
남: 기대빈도	**12** (=30x.4)	**20** (=50x.4)	**8** (=20x.4)	40
여: 기대빈도	**18** (=30x.6)	**30** (=50x.6)	**12** (=20x.6)	60
합계	30	50	20	100

카이검증은 관찰빈도가 기대빈도와 통계적으로 같은지를 비교하고 해당 결과를 제공하여 판단하게 한다.

4. 차이검증 실시를 위한 조건

2개 변인을 교차할 경우 최소한 4개 셀이 존재한다. 위 '성별에 따른 가입목적의 차이'를 검정할 경우에는 6개(2×3) 셀이 존재한다.

차이검증을 실시할 경우 각 셀의 기대빈도가 최소한 5 이상이면 좋지만 실제로 확보한 자료가 그 점을 충족시키지 못할 수 있다. 이 경우 기대빈도가 5 미만인 셀이 전체 셀의 20% 이하이면 좋다.

한편, 어느 셀이든 기대 값이 1 이상이 아니면 카이검증의 실시가 불가능하다. 이 경우 사례수가 가장 적은 집단으로부터 자료를 더 수집하거나 다른 집단과 합치는 대처방법이 있다. 예를 들어, 70대 이상 대상자가 너무 적으면 60대 이상 대상자로 분석을 실시하는 것이다.

5. 차이검증을 위해 통계 돌리는 방법

① 메뉴에서 **분석, 기술통계량, 교차분석** 순으로 클릭한다.

② 왼쪽 박스에서 **집단변인**을 클릭한 다음 화살표를 클릭하여 오른쪽에 있는 **열** 박스로 옮기고 유사하게 **검증변인**을 **행** 박스로 옮긴다.

③ **통계량**을 클릭한 후 새로 뜨는 창의 왼쪽 위에 나타나는 **카이제곱**을 체크하고 **계속** 클릭 한다.

④ **셀**을 클릭한 후 새로 뜨는 창의 왼쪽 위에 나타나는 빈도의 **관측빈도, 기대빈도**를 체크하고 퍼센트의 **열**을 체크하고 **계속**을 클릭한다.

⑤ 기존의 창에서 **확인**을 클릭 한다.

6. SPSS 결과표와 해석

1) 차이 유무의 판단

아래 양식을 가지고 있는 3번째 표[15]에서 Pearson 카이제곱에 해당하는 유의확률을 살펴본다. 만약 유의확률이 0.05보다 작으면 집단 간에 차이가 있다고 해석한다.

15) 2×2 표는 양식이 약간 다르게 나타난다.

	값	자유도	점근 유의 확률(양쪽검정)
Pearson 카이제곱			
우도비			
선형 대 선형결합			
유효 케이스 수			

2) 집단 간의 차이 파악

아래 양식을 가지고 있는 2번째 표를 살펴보면 회원의 성별에 따른 스포츠센터 가입목적 간의 차이를 파악할 수 있다. 살펴 볼 점은 다음과 같다.

① 남녀의 전체 비율을 본다.
→남자는 40%, 여자는 60%이다.

② 기대빈도로 나타나는 수치를 이해한다.[16]

③ 기대빈도가 5보다 작은 셀의 수를 세어본다. 해당 셀이 전체 셀의 20%을 초과한다면 pp. 121~122에서 기술한대로 대처한다.

			성별		전체
			남	여	
가입목적	스트레스 해소	관측빈도	20	10	30
		기대빈도	12	18	30
		성별의 %	66.7%	33.3%	30%
		전체 %			
	체중관리	관측빈도			
		기대빈도	20	30	50
		성별의 %			
		전체 %			
	운동학습	관측빈도			
		기대빈도	8	12	20
		성별의 %			
		전체 %			

16) p. 121 참조

전체	관측빈도			
	기대빈도	40	60	100
	성별의 %			
	전체 %	40%	60%	100

④ '성별의 %'를 이해한다. 이는 가입목적별 관측빈도(실제 응답 사례수)의 남녀 비율을 계산한 것이다.

→ 남 20명, 여 10명이 스트레스 해소가 가입목적이라고 답하였다면 20명은 총 30명의 66.7%이고 10명은 총 30명의 33.3%이다.

⑤ 가입목적별 '성별의 %'와 '전체 %'를 비교한다. 만약 남자의 '성별의 %'가 '전체 %'보다 많이 크다면 여자의 '성별의 %'는 '전체 %'보다 작게 나타날 것이고, 이에 따라 남자가 여자보다 해당 목적으로 가입하는 경향이 높다고 해석한다.

→ 스트레스 해소 목적에 해당하는 비율은 남자가 66.7%, 여자가 33.3%이다. 따라서 전체 40%보다 남자는 많고 전체 60%보다 여자는 적다. 따라서 남자는 여자보다 스트레스 해소를 위한 목적으로 스포츠센터를 가입하는 경향이 높다고 해석된다.

7. 논문을 위한 표 양식

		성별			
		남	여	전체	
가입목적	스트레스해소	20(66.7%)	10(33.3%)	30(30%)	χ^2= df= p=
	체중관리			50(50%)	
	운동학습			20(20%)	
	전체	40(100%)	60(100%)	100(100%)	

8. 논문내용의 작성

0.05 유의수준에서 카이검증을 실시하여 회원의 성별에 따른 가입목적의 차이를 검증한 결과, <표 #>에서 보는 바와 같이 유의한 차이가 있는 것으로 나타났다(χ^2=#.##, p=.###). 남자는 여자보다 스트레스 해소를 위한 목적으로 스포츠센터를 가입하는 경향이 더 높은 것으로 나타났다.

상관관계분석

1. 명칭

상관분석이라고도 하며, 영문으로 Correlation analysis 라 한다.

2. 적용 경우

두 변인 간의 인과관계가 아닌 상관관계가 존재하는지를 알아보고자 할 때 적용한다.

3. 상관관계의 종류

1) 정적 상관관계

한 변인의 측정값이 올라가면 다른 변인의 측정값이 올라가는 것을 의미한다. 이 경우 상관계수(r)는 플러스 수치이다.

2) 부적 상관관계

한 변인의 측정값이 올라가면 다른 변인의 측정값이 반대로 내려가는 것을 의미한다. 이 경우 상관계수(r)는 마이너스 수치이다.

4. 상관관계의 크기에 대한 해석

$0.0 < r < 0.1$ → 상관관계가 매우 약하다

$0.1 < r < 0.3$ → 상관관계가 약하다

$0.3 < r < 0.5$ → 상관관계가 어느 정도 있다

$0.7 < r < 1.0$ → 상관관계가 강하다

5. 통계 돌리는 방법

두 변인이 연속적 변인일 경우 아래 방법을 적용한다.

① 메뉴에서 **분석, 상관분석, 이변량 상관계수** 순으로 클릭한다.

② 뜨는 창의 왼쪽 박스에서 분석하고자 하는 변인과 화살표를 클릭하여 오른쪽의 **변수** 박스로 옮긴다.

③ 만약 변인들이 모두 연속적일 경우 같은 창의 '상관계수'에서 **Pearson**을 체크한다. 만약 변인들이 서열척도일 경우 '상관계수'에서 **Kendal의 타우-bl** 혹은 **Spearman**을 선택한다.

④ 같은 창의 유의성 검정에서 **양쪽**을 체크하고 **확인**을 클릭한다.

6. SPSS 결과 표

아래 표 하나가 나타난다.

		변수1	변수2	변수3
변수1	Pearson 상관계수 유의확률(양쪽) N			
변수2	Pearson 상관계수 유의확률(양쪽) N			
변수3	Pearson 상관계수 유의확률(양쪽) N			

7. SPSS 결과표 해석

① 유의확률이 0.05보다 작으면 해당 두 개 변수는 통계적으로 유의미한 상

관이 있다고 해석된다.

② 유의미한 상관이 나타난 변수들의 상관계수가 +이면 정적상관, -이면 부적 상관으로 해석하고 수치의 크기를 보고 상관관계의 정도를 판단한다.17)

8. 논문을 위한 표 양식

변인	1	2	3	
1. 친절성	1			
2. 신속성	.562**	1		
3. 정확성	.339**	.523	1	
4. 만족도	.445**	.438***	.394**	1

**p<.01, ***p<.001

◆ **유의사항**: 최근에 들어 유의확률을 기입하는 것이 추세이지만 상관계수 표에서 유의확률을 기입하는 것은 표를 매우 복잡하게 만들기 때문에 선호되지 않는다.

9. 논문내용의 작성

서비스와 만족도의 상관관계를 알아보기 위하여 0.05 유의수준에서 상관관계분석을 실시하여 Pearson 상관계수를 산출한 결과, <표 #>에서 나타나는 것과 친절성(r=.445, p<.01), 신속성(r=.438, p<.001), 정확성(r=.394, p<.01)은 만족도에 유의미한 정(+)의 상관관계를 나타냈다.

17) p. 126 참조

단순회귀분석

1. 영문으로 Simple regression analysis이라 한다.

2. 적용 경우

연속적인 독립변인 A가 연속적인 종속변인 B에 미치는 영향을 검증하고자 할 경우에 적용한다.

예) 신장은 몸무게에 영향을 미칠 것이다.

3. 실시 조건

독립변인과 종속변인은 직선관계에 있어야 한다.

◆ **유의사항**: 직선관계에 있다면 두 개 변인의 관계를 다음과 같은 회귀식으로 나타낼 수 있으며 독립변인의 변화에 따라 종속변인의 변화를 예측할 수 있다.

$$Y_n = a + bX_n + e$$

4. 회귀식에 대한 이해

신장은 몸무게에 영향을 미치는 것으로 기대된다. 이는 키가 클수록 몸무게가 더 나갈 것이라고 생각되기 때문이다. 하지만 그렇지 않는 경우도 있다. 키가 작으면서 뚱뚱한 사람이 있고 키가 크면서 마른 사람이 있다.

10명의 신장과 몸무게를 다음과 같이 측정하였다고 하자.

대상자	신장	몸무게
1	154	56
2	165	55
3	167	50
4	162	50
5	156	45
6	158	48
7	167	67
8	161	52
9	164	48
10	155	58

이상의 자료를 도표로 나타내면 다음과 같다.

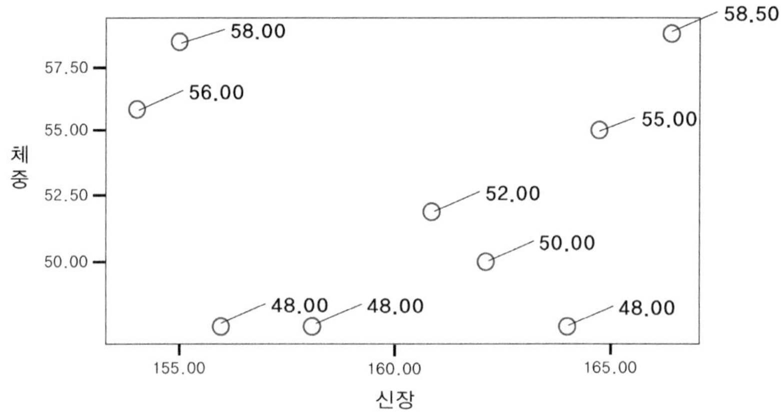

도표에서 점들을 가장 잘 대표할 수 있는 직선이 단순회귀선으로 앞에서 언급한 회귀식으로 나타낼 수 있다.

5. 통계 돌리는 방법

① 메뉴에서 **분석, 회귀분석, 선형** 순으로 클릭한다.

② 뜨는 창의 왼쪽 박스에서 독립변인을 클릭하고 화살표를 이용하여 **독립변수** 박스로 이동시키고 마찬가지로 종속변인을 클릭하고 화살표를 이용하여 **종속변수** 박스로 이동시킨다.

③ '독립변수' 박스 바로 밑에 나타나는 **방법** 박스에서 어느 방법을 선택하든 상관없이 동일한 결과를 얻게 된다.

④ 오른쪽 위에 보이는 **통계량**을 클릭한 다음 새로 뜨는 창에서 회귀계수의 **추정값**을 체크하고 그 오른쪽으로 보이는 **모형 적합**을 체크하고 **계속**을 클릭한다.

⑤ 돌아온 창에서 **확인**을 클릭한다.

6. SPSS 결과표

아래 표들이 해석을 위해 살펴볼 것들이다.

모형 요약

모형	R	R 제곱	수정된 R 제곱	추정값의 표준오차

분산분석

모형	제곱합	자유도	평균 제곱	F	유의확률
1 회귀모형 전차 합계					

계수

모형	비표준화 계수		표준화 계수	t	유의확률
	B	표준오차	베타		
1 (상수) 신장					

7. SPSS 결과표의 해석

1) 회귀모형의 유용성

'모형 요약' 표에서 R^2 값은 독립변수가 종속변수를 설명해주는 정도를 나타낸다. 이 R^2 값이 높을수록 회귀모형의 유용성도 높다고 해석한다.

2) 회귀모형의 유의성

'분산분석' 표에 나타나는 유의확률이 0.05보다 작으면 회귀모형이 통계적으로 유의하다고 해석한다.

3) 독립변수의 영향력

'계수' 표에서 독립변수에 해당하는 유의확률이 0.05보다 작으면 독립변수가 종속변수에 영향을 미친다고 해석한다. 이 경우 독립변인에 해당하는 b값을 영향의 정도로 해석한다.

8. 논문을 위한 표 양식

독립변인	b	β	t값	p
(상수)				
신장				
F= , p= , R^2=				

9. 논문내용의 작성

단순회귀분석을 0.05 유의수준에서 실시한 결과, <표 #>에서 보는 바와 같이 신장은 몸무게에 유의한 영향을 미치는 것으로 나타났다(t= , p=). 신장의 영향력은 .377로 적지 않는 것으로 나타났고, 몸무게에 대한 설명력은 67%(R^2=.67)로 나타났다.

다중회귀분석

1. 영문으로 Standard multiple regression analysis이라 한다.

2. 적용 경우

여러 개의 연속적 독립변인이 한 개 연속적 종속변인에 미치는 영향을 검증하고자 할 경우에 적용한다.

◆ **유의사항**: 명명척도나 서열척도로 측정한 독립변인을 더미변수로 재코딩 하여 회귀분석을 실시하는 경우가 있으나 관련 내용을 본 책에서 제외하였다.

3. 분석에 의해 제공되는 정보

① 종속변인에 영향을 미치는 독립변수
② 종속변수에 영향을 미치는 독립변수의 상대적 영향력의 크기

4. 실시조건

① 각각의 독립변인과 종속변인은 직선관계에 있어야 한다.
회귀식: $Y_n = a + b_1X_1 + b_2X_2 + ... + b_nX_n + e$

② 독립변수들 간의 상관관계가 높은 경우를 의미하는 다중공선성 (multicollinearity)이 없어야 한다.

③ 잔차의 독립성이 필요함으로, 잔차 간 자기상관성(autocorrelation)이 없

어야 한다.

5. 조건 충족 확인방법

아래 방법 중 한 가지를 선택한다.

1) 독립변인과 종속변인의 직선관계

분석실시 전에 직선관계를 가정하고 분석실시 후에 회귀모형이 유의한가를 확인한다.

2) 다중공선성의 부재

상관관계분석[18]을 실시한 후, 모든 상관계수들이 .80 이상이 아닌지를 확인한다.

◆ **유의사항**: 다중공산성 문제 발견 시 상관관계가 .8 이상인 변인들 가운데 1개 변인을 제거한다.

3) 잔차 독립성

아래 절차로 다중회귀분석을 실시한 후, Durbin-Watson 값이 2에 가까운지를 확인한다.

6. 다중회귀분석 방법

다음 4가지 방법 중 입력과 단계선택 방법이 가장 많이 활용되고 있다.

① **입력**: 독립변수를 모두 한번에 투입한다.

② **전진선택**: 중요도가 높은 독립변수부터 투입한다.

---

18) p. 126 참조

③ **후진제거**: 중요도가 낮은 독립변수부터 제거한다.

④ **단계선택**: 중요한 독립변수의 추가와 중요하지 않은 독립변수의 제거를 적절히 조합한다.

7. 통계 돌리는 방법

① 메뉴에서 **분석, 회귀분석, 선형** 순으로 클릭한다.

② 뜨는 창의 왼쪽 박스에서 독립변인들을 한 개씩 클릭하고 화살표를 이용하여 오른쪽 **독립변수** 박스로 이동시킨 다음 유사하게 종속변인도 **종속변수** 박스로 이동시킨다.

③ '독립변수' 박스 밑에 보이는 **방법** 박스에 **입력**이 나타나도록 한다.

◆ **유의사항**: 본 책에서는 '입력' 방법에 대해서만 설명하고자 한다.

④ **통계량** 클릭한 다음 새로 뜨는 창의 왼쪽 위에서 **추정값**, 오른쪽 위에서 **모형적합**, 왼쪽 아래에서 **Durbin-Watson**을 체크하고 **계속**을 클릭한다.

⑤ 돌아온 창에서 **확인**을 클릭한다.

8. SPSS 결과표

이상의 절차를 따라하면 5개의 표가 나타난다. 해석 위해 필요한 표는 다음 모형요약, 분산분석과 계수에 해당하는 표들이다

모형 요약

모형	R	R 제곱	수정된 R 제곱	추정값의 표준오차	Durbin-Watson

분산분석

모형	제곱합	자유도	평균 제곱	F	유의확률
1 회귀모형 전차 합계					

계수

모형	비표준화 계수		표준화 계수	t	유의확률
	B	표준오차	베타		
1 (상수) 독립변인1 독립변인2 독립변인3 독립변인4					

9. SPSS 결과표의 해석

① '모형요약' 표의 'Durbin-Watson' 값이 2에 가까우면 다중회귀분석의 필요조건인 잔차의 독립성이 충족됨을 알 수 있다.

② '모형요약' 표의 'R 제곱' 값은 독립변인들이 종속변인을 설명해 주는 정도를 나타낸다.
→ 만약 R 제곱 값이 .682라면, 독립변인들이 종속변인을 68.2% 설명한다고 해석한다.

◆ **유의사항**: 낮은 R^2 값은 독립변인들이 필요한 다른 독립변인과 같이 분석되지 못하였음을 의미한다.

③ '분산 분석' 표의 유의확률이 0.05보다 작으면 회귀모형이 통계적으로 유의하다고 해석한다.

④ '계수' 표의 유의확률이 0.05보다 작으면 해당 독립변인이 종속변인에

유의한 영향을 미친다고 해석한다.

⑤ '계수' 표의 베타(β) 값을 토대로 영향을 미친다고 나타난 독립변인들의 상대적 영향의 크기를 살펴본다. β값이 클수록 영향력이 큰 것으로 해석한다.

◆ **유의사항**: 단순회귀분석에서는 B값을 보나, 다중회귀분석에서는 베타값을 본다. 그 이유는 다중회귀분석에서 투입되는 독립변인들이 서로 다른 척도를 사용하기 때문에 표준화 계수를 비교해야 하기 때문이다.

10. 논문을 위한 표 양식

1) 종속변인이 1개인 경우

변인	β	t	p
독립변인1			
독립변인2			
독립변인3			
독립변인4			
F= , p= R2=			

2) 종속변인이 2개인 경우

변인	종속변인1			종속변인2		
	β	t	p	β	t	p
독립변인1						
독립변인2						
독립변인3						
독립변인4						
	F= , p= . R2=			F= , p= , R2=		

11. 논문내용의 작성

서비스품질이 고객만족도에 미치는 영향을 알아보기 위해 0.05 유의수준에서 다중회귀분석을 실시한 결과, <표 #>에서 보는 바와 같이 회귀모형은 통계적으로 유의한 것으로 나타났고(F= , p=), 상위요인이 종속변인의 전체 변량의 34.5%(R^2=.345)를 설명하는 것으로 나타났다. 특히 하위변인1(t=, p=), 하위변인2(t= , p=), 하위변인4(t= , p=)이 종속변인에 통계적으로 유의한 영향을 미치는 것으로 나타났고, 그 영향력은 하위변인2(ß=), 하위변인1(ß=), 하위변인3(ß=) 순으로 나타났다.

구조방정식모형 분석

1. **영문**으로 Structural Equation Model: SEM)이라 하며, 공분산구조분석 (Covariance Structure Analysis)이라고도 한다.

2. 연구모형

다음은 몇몇 단순한 모형들이다.

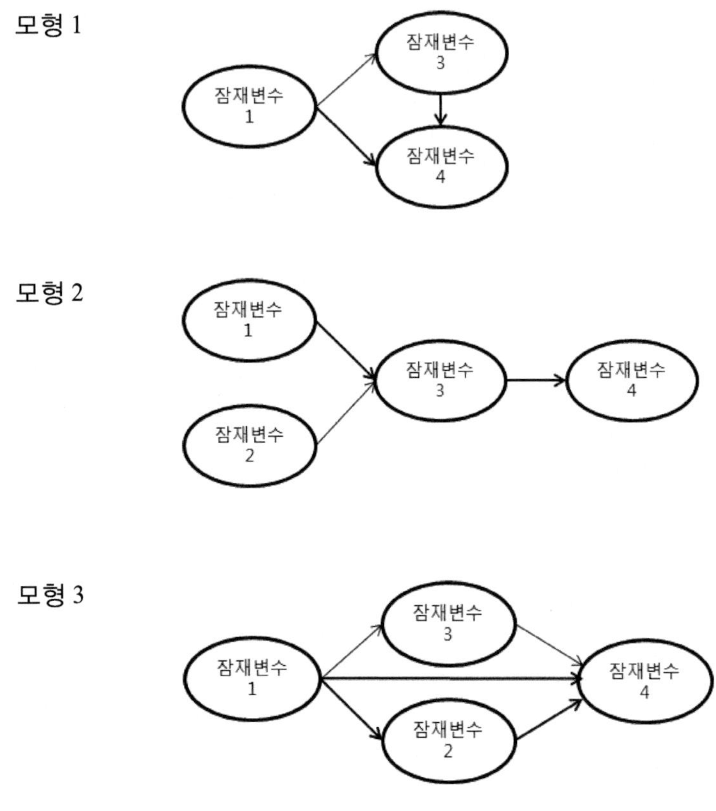

3. 장점

① 다수의 회귀모형(독립변수와 종속변수 간의 인과관계)을 동시에 검정

② 종속변수 간의 인과관계를 검정

③ 직접 측정하지 않은, 즉 여러 관측변수를 토대로 측정한 잠재변수의 측정오차를 통제해서 보다 정확한 측정치로 잠재변수의 인과관계를 검정

④ 간접효과를 파악
예) 구조방정식모형 분석으로 인해 그림 1, 2, 3의 모형에서 잠재변수 1이 잠재변수3에 거쳐 잠재변수 4에 미치는 간접효과까지 추정할 수 있다.

⑤ 자료가 설정한 이론적 모형과 얼마나 부합되는지를 평가

4. 연구모형에 관한 용어

구조방정식모형은 구조모형과 측정모형으로 구성된다.

1) 구조모형

아래와 같이 잠재변수 간의 인과관계를 나타낸다.

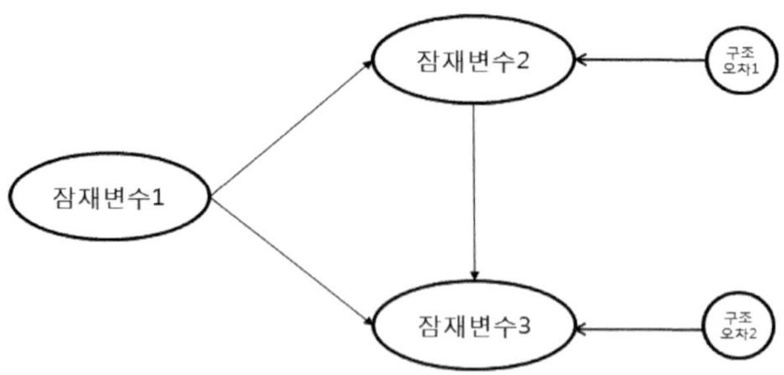

① **잠재변수**는 측정되지 않은 개념상의 변수를 의미하며, 아래와 같이 구분한다.

외생잠재변수: 영향을 미치는 잠재변수 (예, 잠재변수 1)

내생잠재변수: 영향을 받는 잠재변수 (예, 잠재변수 2와 3)

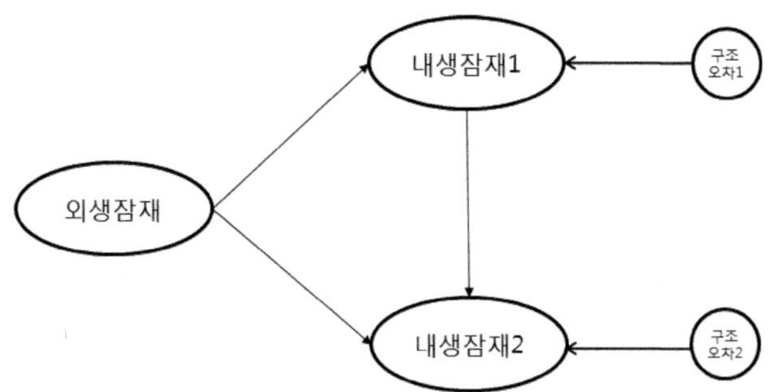

② **구조오차 변수**는 내생잠재변수가 외생변수에 의해 설명되지 않는 부분을 의미한다.

2) 측정모형

아래와 같이 관측변수와 잠재변수 간의 인과관계를 나타낸다.

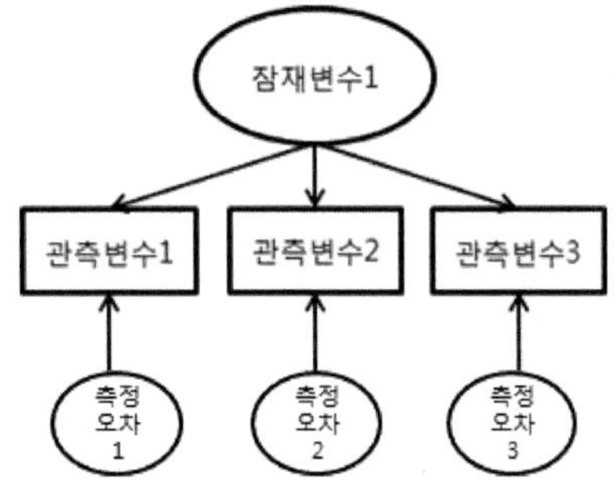

① **관측변수**는 직접 측정된 변수를 의미하며, 아래와 같이 구분한다.

외생관측변수: 영향을 미치는 외생잠재변수의 관측변수

내생관측변수: 영향을 받는 내생잠재변수의 관측변수

② **측정오차**는 잠재변수에 의해 관측변수가 설명되지 않는 부분을 의미한다.

3) 구조방정식모형

구조모형과 측정모형으로 구성된 모형이다. 아래 구조방정식 모형은 1개 구조모형과 3개 측정모형으로 구성되어 있다.

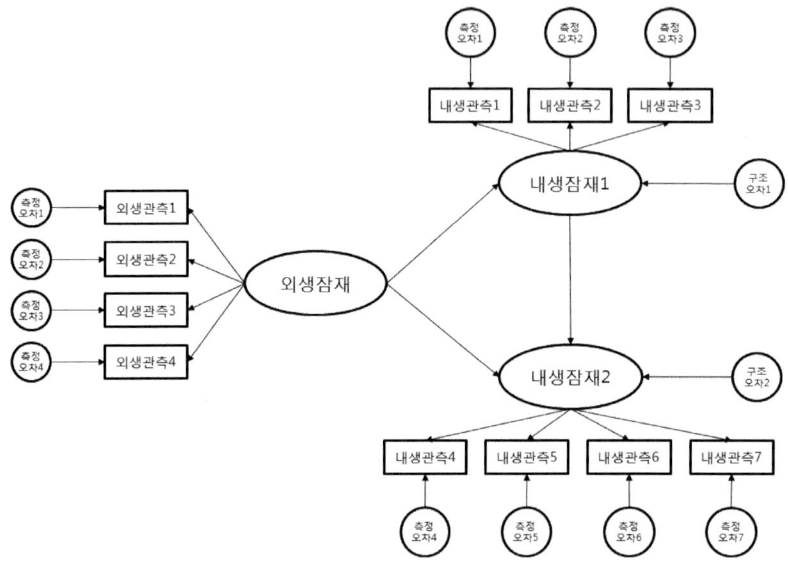

5. 분석 실시조건

① 표본 크기는 200 이상이어야 한다.
② 잔차와 잠재변수 간의 상관은 0 이다.

6. 분석 위한 프로그램: AMOS(Analysis of MOment Structure)

시작, 모든 프로그램, IBM SPSS Statistics, IBM SPSS Amos 21, Amos Graphics 순으로 클릭한다.

7. AMOS 이용한 연구모형 그리기

1) 잠재변수, 관측변수 및 오차변수 그리기

① 클릭한다.

② 옆에 보이는 경로도에서 마우스의 좌측을 누른 상태에서 마우스를 옆으로 당기는 드래그 동작을 수행하고 조절하면서 원하는 넓이와 길이의 을 그린다.

③ 그려진 에 커서 (모양)를 놓은 후, 관측변수 개수만큼 클릭한다.

◆ **유의사항**: 관측변수가 가장 많은 잠재변수를 가장 먼저 그리는 것이 전체 구조방정식모형을 구성하는데 편리하다.

④ 하나의 측정모형이 만들어지면 원하는 위치로 커서를 옮기고 2단계와 3단계를 반복해서 원하는 수의 측정모형을 더 만든다.

⑤ 을 클릭한 다음 잠재변수의 를 클릭하면 해당 관측변수와 측정오차의 방향이 90°씩 회전한다.

⑥ 그린 변수나 오차가 경로도 밖으로 나가면 을 누른다.

⑦ 선택 한 후 외생잠재변수(영향 미치는 변수)의 원하는 위치에 커서가 닿도록 하고 마우스를 계속 누른 상태에서 내생잠재변수(영향 받는 변수)의 원하는 위치로 댕기면서 두 개 변수를 연결한다.

⑧ 을 클릭한 다음 내생잠재변수(영향 받는 변수)를 클릭하면 구조 오차항이 나타난다. 를 클릭한 다음 오차항을 커서로 잡아당기면 원하는 위치로 이동시킬 수 있다. 이동 후 를 클릭하고 커서로 기존의 화살표

를 제거한다. 이 경우 ←를 클릭하고 새로운 화살표를 삽입한다.

2) SPSS 데이터 연결

① 메뉴에서 **File, Data Files, File Name** 순으로 클릭한다.

◆ **유의사항**: 데이터 파일은 설문지 응답자료를 SPSS에 입력한 자료이다.

② 뜨는 창에서 원하는 파일을 지정한 다음 **열기**를 클릭하고 돌아온 창에서 **OK**를 클릭한다.

3) 잠재변인명 입력

① 잠재변수에 이름을 넣기 위해 잠재변수의 ⬭에 커서를 대고 마우스의 우측을 클릭한다.

② 뜨는 창에서 **Object properties**를 클릭하면 **Text**에 해당하는 창이 뜰 것이다. 이 창에서 보이는 **Variable name** 박스에 해당 변인명을 입력하고 Font size(글 크기)와 Font style(글체)를 선택한다.

③ 나머지 잠재변수 위해서도 커서를 위에 데고 마우스 좌측을 누르고 변인명을 입력한다.

4) 관측변인명 입력

① ▤을 클릭한다.

② 변인 목록에서 원하는 변인을 선택하고 클릭한 상태에서 해당하는 관측변수 박스로 드래그 한다.

◆ **유의사항**: SPSS 데이터 입력 변수명과 Amos의 관측변수명은 반드시 동일해야 한다.

5) 측정 오차항 입력

① 측정오차항 위에서 마우스의 우측을 누른 후, **Object properties, Text** 순으로 클릭한다.

② **Variable name** 박스에 **e#**을 입력하고 글크기와 글체를 조절한다.

③ 나머지 측정오차항을 위해 단계 1과 단계 2를 반복한다.

6) 구조오차항 입력

'측정 오차항 입력'을 위한 절차를 따른다. 다만 e# 대신 d#을 입력한다.

7) Regression weight의 입력

잠재변수로 향하는 구조오차항의 화살표 옆에 '1'이 나타나야 하며, 관측변수로 향하는 측정오차항의 화살표 옆에 '1'이 나타나야 한다. 또한 잠재변수에서 관측변수로 가는 여러 화살표 중 한 개가 '1'로 나타나야 한다.

만약 필요한 '1'이 없다면 을 클릭하고 해당 화살표에 커서를 대고 마우스의 우측을 누른 다음 **Object properties, Parameters** 순으로 클릭하고 **Regression weight** 박스에 1을 입력한다.

8) 외생잠재변수 간 공분산 설정

① 외생잠재변수가 2개 이상이면, 을 클릭한 다음 한 잠재변수를 클릭하고 누른 상태에서 다른 잠재변수로 드래그하여 공분산을 설정한다.

② 모든 잠재변수가 연결되도록 위 절차를 반복한다.

8. 분석 실시

① 메뉴에서 **View, Analysis Properties** 순으로 클릭한다.

② 뜨는 창에서 맨 **Estimation**을 클릭한 다음 해당 페이지에서 **Maximum likelihood**과 **Fit the saturated and independence models**을 체크한다.

◆ **유의사항**: 만약 데이터 파일이 결측 값을 포함한다면, 'Estimation' 페이지에서 **Estimate means and intercepts**까지 체크한다.

③ 그 다음 **Output**을 클릭하고 Output 페이지에서 **Standardized estimates, Squared multiple correlations, Modification indices, Indirect, direct & total effects**을 모두 체크한다.

④ 아이콘 ▦를 클릭하거나 **Analyze, Calculate Estimates** 순으로 클릭한다.

9. 결과 출력

아이콘 ▤를 클릭하거나 메뉴에서 **View, Text Output** 순으로 클릭한다.

10. 연구모형의 적합도 평가

1) 카이 검증을 통한 연구모형의 적합성 평가

① Output의 왼쪽 목록에서 Notes for Model을 클릭한다.

② Chi-square(χ^2)와 Probability level(p)에 해당하는 수치를 살펴본다.

③ 만약 p 값이 0.05보다 작으면 연구모형이 적합하지 않는 것으로 해석한다.

④ 카이검증으로 인해 적합하지 않은 것으로 나타났을 경우 χ^2 값이 표본크기에 민감하기 때문에 나타나는 결과라며 다른 적합도 지수를 적용하여 모형을 평가한다.

2) 적합도 지수를 통한 연구모형의 적합성 평가

① Output의 왼쪽 목록에서 Model Fit를 클릭한다.

② Model Fit output에서 RMSEA, TLI(NNFI), CFI, GFI에 해당하는 Default model의 수치를 살펴본다.

Model Fit Summary

/

RMR, GFI

Model	RMR	**GFI**	AGFI	PGFI
Default model	.038	.944	.903	.549

Baseline Comparisons

Model	NFI Delta1	RFI rho1	IFI Delta2	**TLI** rho2	**CFI**
Default model	.954	.936	.903	.549	

/

/

RMSEA

Model	**RMSEA**	LO 90	HI 90	PCLOSE
Default model	.077	.058	.098	.013

③ 아래 기준을 충족시킨다면 연구모형이 적합하다고 판단한다.

TLI≧.90

CFI≧.90

GFI≧.90

RMSEA≦.05(0.08 이하도 수용 가능하다)

④ 네 가지 지수 중 한 가지 지수가 수용기준에 못 미칠 수 있다. 예를 들어, 0.90이상으로 나타나야 하는 CFI가 .88로 약간 부족하게 나타날 수 있다. 만약 다른 지수들이 수용기준에 도달한다면, 연구모형은 전반적으로 적

합도 기준에 부합된다고 평가한다.

다음 적합도 지수도 함께 고려할 수 있다. 다만 위에 제시한 4가지가 가장 보편적으로 사용되는 지수이다.

CMIN/DF ≦ 2.0 이하
RMR ≦ 0.05 이하
AGFI ≧ 0.9 이상
IFI ≧ 0.9 이상

11. 적합도 지수 불충족으로 인한 모형의 수정

전반적으로 적합도 기준이 충족되지 않는 경우 아래 방법으로 연구모형을 수정한다.

① **Output**에서 **Modification Indices**을 클릭하고 해당 페이지 맨 위에 나타나는 'Covariances: (Group number 1 - Default model)'의 Par Change 수치를 살펴본다.

② 가장 큰 수치에 해당하는 'e# <--> e#'를 살펴본다.

③ 만약 'e3 ↔ e4'이라면, e3 측정오차항과 e4 측정오차항을 ↔으로 연결한다. 이는 ↔을 클릭한 다음 e3의 측정오차항을 클릭하고 누른 상태에서 e4의 측정오차항으로 드래그하는 것으로 이루어진다.

④ 분석을 다시 실시하고 적합도 지수를 통해 모형의 적합성을 판단한다.

⑤ 연구모형이 적합하지 않다고 판단하면 연구모형을 또 다시 수정한다.

12. 연구가설의 검증

① Output의 **Estimates**을 클릭하고 해당 페이지에 보이는 'Regression Weights: (Group number 1 - Default model)'의 수치들을 살펴본다.

Regression Weights: (Group number 1 - Default model[19])

	Estimate	S.E.	C.R.	P	Label
구신뢰 ← 적합성	.534	.071	7.533	***	par_8
관의도 ← 적합성	.122	.080	1.526	.127	par_9
관의도 ← 구신뢰	.650	.078	8.331	***	par_10
적합성1 ← 적합성	1.000				
적합성2 ← 적합성	1.070	.066	16.127	***	par_1
적합성3 ← 적합성	.785	.072	10.945	***	par_2
적합성4 ← 적합성	.727	.084	8.642	***	par_3
신뢰1 ← 구신뢰	1.000				
신뢰2 ← 구신뢰	1.110	.051	21.897	***	par_4
신뢰3 ← 구신뢰	1.113	.053	21.050	***	par_5
관람1 ← 관의도	1.000				
관람2 ← 관의도	.879	.056	15.692	***	par_6
관람3 ← 관의도	.932	.054	17.412	***	par_7

② P 아래에 별표가 나타나는 경로계수는 통계적으로 유의한 것으로 인과관계가 존재함을 의미한다.

③ Estimate의 수치를 관찰함으로써 정(+)의 관계가 있는지 부(-)의 관계가 있는지를 파악한다.

19) 앞에 그린 구조방정식모형과 무관한 연구모형의 분석결과임.

13. 논문을 위한 표 양식

1) 요인분석과 상관관계분석 결과

탐색적[20] 혹은 확인적[21] 요인분석을 바탕으로 잠재변수의 측정도구의 타당도를 검증한 다음 변인 간 관련성을 검증하기 위해 Pearson 적률 상관관계 분석을 실시한다. 해당 결과는 다중공선성의 문제가 없음을 확인시켜줘야 한다.

2) 연구모형 적합도 검증 결과

적합도 지수	χ^2	df	p	GFI	CFI	TLI	RMSEA
수용기준							
연구모형							

◆ **유의사항**: 표에 수용기준을 충족한 적합도 지수만을 기입한다.

3) 변인 간 인과관계 검증 결과

가설	경로	경로계수	표준오차	t값	채택여부
H1	잠재변수# ← 잠재변수#	.534	.071	7.533***	채택
H2	잠재변수# ← 잠재변수#	.###	.###	#.##	기각
...					
Hn					

*p<.05, **p<.01, ***p<.001

◆ **유의사항**: 해당 OUTPUT에서 ‘Estimate’가 경로계수, ‘S.E.’가 표준오차, ‘C.R.’ 값이 t값이다.

20) p. 87 참조
21) p. 152 참조

14. 논문내용의 작성

1) 모형 적합도 관련 내용

...설정된 가설을 토대로 구조방정식 모형을 분석하여 적합도 지수를 산출하였다. 그 결과, <표 3>에서 보는 바와 같이 TLI가 .###, CFI가 .###, GFI가 .###, RMSEA가 .###로 모두 적합도 기준을 충족시키는 것으로 나타났고, 이에 따라 자료는 연구모형에 적합하다고 판단되었다.

2) 가설검증 관련 내용

변인 간의 인과관계를 검증하기 위해 0.05 유의수준에서 구조방정식모형 분석을 실시하였다 다음 <표 #>에 나타나는 것과 같이 '잠재변수#이 잠재변수#에 영향을 미칠 것이다'라는 가설 1의 분석결과는 표준화계수가 .###, t 값이 #.###(p<.###)으로 유의하게 나타나 가설이 채택되었다.

확인적 요인분석

1. 영문으로 Confirmatory Factor Analysis(CFA)이라 한다.

2. 적용 경우

이론적 근거를 바탕으로 측정한 잠재변수의 타당성을 검증하고자 할 때 적용한다.

3. 조건

잠재변수는 최소한 4개 관측변수에 의해 측정되어야 해당 측정모형이 적합한가를 판단할 수 있다.

4. 모형 그리기

① 'AMOS 이용한 연구모형 그리기' 절차[22]를 따라하며 검증하고자 하는 측정모형을 그린다.

② 만약 서비스품질 요인을 시설, 지도자, 프로그램의 3개 하위요인으로 구성하고 각각의 하위요인을 여러 개의 관측변수로 측정하고자 한다면 측정모형은 다음과 같다.

◆ **유의사항**: 탐색적 요인분석에 의해 특정 요인으로 분류된 관측변수를 확인적 요인분석으로 재검증하는 경우가 있다.

22) p. 143 참조

③ 한 개 종속변인에 영향을 미치는 독립변인이 2개 이상이므로 아래 그림에서 나타나는 것과 같이 외생잠재변수 간에 공분산(↔)을 설정한다.

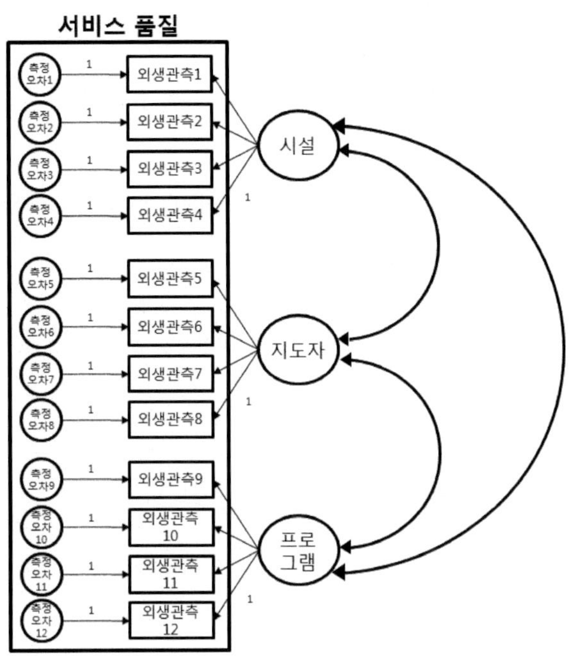

④ 측정모형에는 구조오차항을 포함하지 않는다.

5. 분석 및 결과출력

앞의 구조방정식모형 분석방법[23)]과 유사하다.

6. 1차 모형의 적합도 검증

① Output의 왼쪽 목록에서 **'Model Fit(모형 적합도)'**를 클릭한다.

---

23) p. 146 참조

② 'Model Fit' output에서 아래 적합도 지수에 해당하는 Default model의 수치를 살펴본다.

TLI ≧ .90　　　　　CF I≧ .90

GF I≧ .90　　　　　RMR ≦ 0.05 이하

AGFI ≧ 0.9 이상　　IFI ≧ 0.9 이상

RMSEA ≦ .05 (0.05 이하 ~ 0.08 이하도 수용가능)

◆ **유의사항**: 단일차원성을 검증할 경우 Default model에 해당하는 RSMEA 지수는 없다.

③ 전반적으로 지수들이 수용기준에 도달하면, 잠재변수를 측정하는 관측변수가 타당하다고 해석한다.

7. 적합도 지수 불충족으로 인한 모형의 수정

① Output에서 **Estimates**을 클릭하고 해당 페이지에서 나타나는 'Squared Multiple Correlations'의 'Estimate' 수치를 살펴본다.

② 가장 낮은 수치에 해당하는 관측변수를 모형에서 제거하고 분석을 다시 실시한다. 만약 잠재변수에서 관측변수로 가는 화살표 중 '1'이 나타나는 관측변수를 제거해야 한다면, 반드시 다른 화살표를 1로 나타나게 한다. 그렇게 하기 위해서 (손 모양 아이콘)을 클릭하고 해당 화살표에 커서를 놓고 마우스의 우측을 누른 다음 **'Object properties'**, **'Parameters'** 순으로 클릭하고 **'Regression weight'** 박스에 1을 입력한다.

③ 적합도 지수를 토대로 모형의 적합도를 재평가한다.

④ 가장 낮은 수치를 나타내는 관측변수를 제거함으로써 결과가 더 나빠진다면 해당 관측변수를 측정모형에서 제거하지 말고 그 다음으로 낮은

수치를 나타내는 관측변수를 제거하고 모형의 적합도를 재평가한다.

8. 최종결과의 해석

모형이 적합하다고 판단되면 변인별 측정도구는 타당하다고 해석한다.

9. 논문을 위한 표 양식

'Notes for Model' output에서 나타나는 χ^2, df, p 그리고 'Model Fit' output에서 나타나는 적합도 지수를 아래 표 양식으로 기입한다.

◆ **유의사항**:

① 비록 아래 표에 GFI, CFI, TLI, RMSEA 지수가 나타나지만 논문에서는 수용기준을 충족한 적합도 지수들을 기입한다.

② 비록 α값은 확인적 요인분석의 결과는 아니지만 보통 평정척도의 타당도와 신뢰도가 같이 검증되며 결과가 같은 표에 기입된다.

변수	문항	χ2	df	p	GFI	CFI	TLI	RMSEA	α값
	최초								
	최종								
	최조								
	최종								
	최초								
	최종								

10. 논문내용의 작성

측정변수의 단일차원성을 검증하기 위해 최대우도법을 적용한 확인적 요인분석을 실시하였다. 변인1의 확인적 요인분석 결과는 <표 #>에서 보는 바와 같이 χ^2(df)=#(#)/p<.001, 지수1=#, 지수2=#, 지수3=#, 지수4=#로 나타나

지수만 적합도 기준을 충족하는 것으로 나타났다. 따라서 모형의 적합도를 높이기 위해 squared multiple correlations(SMC)를 토대로 관측변수#을 제거하였다. 수정된 모형의 적합도는 χ^2(df)=#(#)/p<.001, 지수1=#, 지수2=#, 지수3=#, 지수4=#로 나타나 적합도 기준을 충족하는 것으로 나타났다. 한편 Cronbach's alpha 값도 .87로 나타나 측정도구의 내적일관성도, 즉 신뢰도를 확보하였다.

논의

1. 5장을 '결론, 논의 및 제언'으로 구성하지만 논의가 짧을 경우 결과와 함께 기입한다. 하지만 현재 추세는 논의내용의 길이와 상관없이 논의를 4장에 포함한다.

2. 검증한 가설을 중심으로 연구결과를 제시하는 것으로 논의를 시작한다.

3. 다음으로 결과가 무엇을 의미하는지를 해석한다.

4. 특정 결과가 왜 나왔는가? 하는 연구자의 주관적인 생각도 기술한다.

5. 결과와 함께 연구자의 추론을 뒷받침 해 주는 선행연구를 제시한다.

6. 선행연구와 차이가 있다면 이유에 대한 연구자의 견해를 제시한다.

7. 가능하면 결과를 토대로 새로운 가설을 추리한다.

결론

1. 결론

① 결론부분은 대부분 연구의 목적을 기술하는 것으로 시작하나 그 후의 내용은 동일하지 않다. 바로 결론을 기입하는 사람들이 있는 반면, 먼저 연구방법을 간략하게 기술하는 사람들이 있다.

② 흔히 '무엇이 어떻게 나타났다'의 양식으로 결과를 단순히 요약해 주는 사람들이 있는데 결과를 토대로 결론 지을 수 있는 사실을 발견하는 것이 매우 중요하다.

③ 결과에서 어떤 차이가 나타났다면 최소한 결론으로 '어떤 차이가 있다'라고 기입한다.

④ 결과 부분에서 기입하는 통계치는 결론 부분에서 기입하지 않는다.

⑤ 독립변인을 구성하는 여러 하위변인 중 일부만 종속변인에 영향을 미칠지라도 '독립변인이 종속변인에 영향을 미친다'라는 결론을 내리는 경우가 많다. '독립변인이 **부분적으로** 종속변인에 영향을 미친다'라고 하는 것이 더 바람직하다.

⑥ 단순히 'A에 따라 B에 차이가 있다' 혹은 'A가 B에 영향을 미친다'로만 결론을 기입하는 경우가 있으나 하위변인을 토대로 더 구체적으로 그 차이 혹은 영향을 설명하여야 한다.

수정 전: 성별에 따라 만족도에 차이가 있다.

수정 후: 남자가 여자보다 만족도가 더 높다.

수정 전: 서비스품질이 만족도에 영향을 미친다.
수정 후: 시설, 프로그램, 지도자의 서비스품질이 언급 순으로 만족도에 영향을 미친다.

⑦ 가능한 경우 '무엇이 높을수록 무엇이 높다'의 표현을 찾아본다.

예1) 소득이 높을수록 소비량이 많다.
예2) 직무만족이 높을수록 조직몰입이 높다.

제언

1. 구성내용

① 연구가 지닌 제한점을 언급하며 후속연구가 어떻게 수행되어야 하는지를 제시한다.

② 연구의 제한점과 상관없이 앞으로 어떤 관련 연구가 좋을지를 제시한다.

③ 연구결과를 토대로 현장인을 위한 행동방안을 제시한다.

예) 만약 스포츠 아웃도어 매장의 점포분위기가 재방문의도에 정적 영향을 미친다는 연구결과가 나타났다면 점포분위기를 개선할 것을 제언할 수 있다. 뿐만 아니라 연구에서 조사한 점포분위기의 세부항목들을 언급하며 개선할 것을 제언할 수 있다. 더 나아가 각각의 세부항목들을 향상시킬 수 있는 방법도 제시할 수 있다.

2. 특정 제한점에 따른 제언의 예

1) 연구대상의 선정 지역에 따른 제한점

예) 연구대상을 서울 및 경기 소재 스포츠센터의 회원으로 한정하였기 때문에 연구의 결과를 전국의 스포츠센터 회원으로 일반화하는데 있어 주의가 요구된다. 따라서 후속연구는 대상의 선정 지역을 전국으로 확장하여야 할 것이다.

2) 연구대상의 선정 장소에 따른 제한점

예) 연구대상으로 2개 프로야구단의 경기 관람자들을 선정하였으므로 후속연구는 대상을 전체 프로야구단의 경기 관람자로 확대하여야 할 것이다.

3) 연구대상의 선정 인원에 따른 제한점

예) 본 연구는 30명의 스크린골프 참여자를 대상으로 면접조사를 실시하였다. 후속연구는 면접내용을 토대로 설문지를 작성하여 보다 많은 스크린골프 참여자로부터 자료를 수집하여야 할 것이다.

4) 연구대상의 선정 조건에 따른 제한점

예) 본 연구는 엘리트 배드민턴 선수들을 대상으로 실시되었다. 앞으로는 아마추어 선수들을 대상으로 연구를 실시하여 결과를 비교하는 후속연구가 필요하다.

예) 본 연구는 1회 이상 스포츠매점을 방문한 사람들을 대상으로 하였으나 후속연구는 서비스를 보다 잘 인지하고 평가할 수 있는 3회 이상 방문자로 선정할 필요가 있겠다.

5) 연구변인의 구성에 따른 제한점

예) 본 연구는 정의적 조직몰입에 대해서만 연구하였다. 후속연구는 조직몰입을 근속적 및 규범적 조직몰입으로 확대시켜야 할 것이다.

예) 본 연구에서 서비스품질에 대한 측정은 시설과 프로그램으로 한정되었다. 후속연구는 지도자와 회원관리로 확대되어야 할 것이다.

6) 연구범위에 따른 제한점

예) 본 연구에서 스포츠센터의 서비스는 단순한 기술통계분석으로 그 품질수준이 측정되었다. 미래에는 회원의 특성에 따른 서비스품질 인식수준의 차이를 살피는 후속연구과 서비스품질이 회원 만족도에 미치는 영향을 살피는 후속연구가 필요하겠다.

7) 통계방법에 따른 제한점

예) 본 연구는 A가 B에 미치는 영향과 B가 C에 미치는 영향을 알아보기 위해 다중회귀분석 방법을 실시하였으나 후속연구는 B가 A와 C의 관계에서 매개효과가 있는가를 살피는 구조방정식 모형 분석으로 진행할 필요가 있겠다.

참고문헌: 기입순서

1. 일반적인 경우

가장 앞에 나타나는 저자의 이름을 토대로 한글(가나다), 영어(ABC) 순으로 기입한다.

강지영, 함덕철(2008)
김수아(2009)
김욱기(2013)
김주영(2011)
박종철, 김재환(2013)
오창대, 지종환(2013)

2. 저자가 작성한 논문이 두 개 이상인 경우

발행년도 순으로 기입한다.

이지현(2008)
이지현(2009)

3. 저자가 같은 년도에 작성한 논문이 두 개 이상인 경우

다음과 같이 구분하며, 본문에서 인용할 때에도 유사하게 구분한다.

추윤섭(2008a)
추윤섭(2008b)

참고문헌: 들여쓰기

1. 들여쓰기 양식

참고문헌을 한 줄에 다 기입하지 못할 경우 두 번째 줄부터는 5칸 들여 써야 한다.

박수경(2008). **태권도 도장 유형과 관계자 유형별 도장운영에 대한 인식과 만족도의 관계**. 미간행 석사학위 논문, 한국체육대학교 사회체육대학원.

2. 들여쓰기 요령

일부 논문작성자는 두 번째 줄부터 스페이스바를 5번 누르는 방법으로 들어쓴다. 이 경우 참고문헌의 내용수정은 매우 번거로운 편집 작업을 요구한다.

그래서 참고문헌 작성할 때에는 반드시 두 번째 줄부터 자동으로 5칸 들어쓰게끔 하는 아래 방법을 사용하여야 한다. 이 경우 내용의 수정은 편집 작업을 전혀 요구하지 않는다.

① 커서를 첫 줄의 맨 앞에 나타나도록 한다.
② 화면에 보이는 문서 상단의 가로 눈금자 왼쪽 끝에 나타나는 ⊠ 중 아래 세모의 꼭지점을 1의 숫자가 나타나는 위치까지 오른쪽으로 잡아 댕긴다. 위 거꾸로 세모까지 같이 댕겨지지 않도록 주의한다.
③ 참고문헌을 해당 양식으로 입력한다.

참고문헌: 저자명 기입양식

1. 국내 문헌

① 한 명의 저자:	저자(년도). 최연이(2008).
② 두 명의 저자:	저자1, 저자2(년도). 서영득, 박수경(2010).
③ 세 명 이상의 저자:	저자1, 저자2,...,저자n(년도). 김영현, 김종문, 이명기(2011).

2. 외국 문헌

① 한 명의 저자:	저자 (년도). Barn, D. A. (2003)
② 두 명의 저자:	저자1, & 저자2 (년도). Barn, D. A., & Kim, S. Y. (2003).
③ 세 명 이상의 저자:	저자1, 저자2, ... , & 저자n (년도). Barn, D. A., Kim, S. Y., & Smith, J. R. (2003).

◆ **유의사항**: 저자명을 '성, 첫 이름 이니셜. 중간이름 이니셜.'로 기입하며, 부호의 사용과 띄어쓰기에 유의한다.

참고문헌: 학술지 논문

1. 국내 논문

저자1, 저자2, ..., 저자n(년도). 논문제목. **학술지명, 권**(호), 쪽범위.

홍길동, 김동수(2003). 학생체력검사의 평가방법 개선방안. **한국 체육학회지, 32**(2), 512-514.

◆ **유의사항**:

① 학회지명과 권번호는 진하게 나타난다.

권번호(호번호)에서 권번호는 통상적으로 몇 해 걸쳐 발행한 학술지인가를 나타내며 호번호는 연간 발행하는 학술지 중 몇 번째인가를 나타낸다. 즉, 호번호가 2, 4, 6까지인 학술지는 6, 3, 2개월마다 발행되는 것을 의미하며, 연간 1회만 발행하는 학술지는 호번호가 없다.

② 권(호)를 제 #권, 제 #호로 기입하지 않도록 주의한다.

③ 점과 콤마를 혼동하여 사용하지 말며, 띄어쓰기에 주의한다.

2. 외국 논문

저자1, ..., & 저자n(발행년도). 논문제목. *학술지명, 권*(호), 쪽범위.

Bekerian, D. A., Kim, S. Y., & Smith, J. R. (1993). In search of the typical eyewitness. *American Psychologist*, 48, 574-576.

◆ **유의사항**:

① 영문 논문제목의 첫 단어와 공식 단체명이나 국가명은 대문자로 기입하고 나머지는 소문자로 기입한다.

② 제목이 ~~~: ~~~의 양식을 가지고 있다면 ':' 전과 후에 나타나는 내용의 첫 단어를 대문자로 기입한다.

Raju, P. S. (1980). Optimum stimulation level: Its relationship to personality, demographics, and exploratory behavior. *Journal of Consumer Research*, 7(3), 272-282.

③ 영문 논문집명의 모든 핵심 단어를 대문자로 시작한다.

예) *Journal of Sport Management*

④ 학술지명과 권번호는 이탤릭체로 나타난다.

참고문헌: 학위논문

1. 국내 논문

저자(년도). **논문제목**. 미간행 석사학위논문, 대학교명.
저자(년도). **논문제목**. 미간행 박사학위논문, 대학교명.

홍길남(2004). **준거지향검사의 기준 설정방법 비교**. 미간행 박사학위논문, 서울대학교.

◆ **유의사항**:

① 학위논문를 축소시켜서 학술지에 게재하는 경우가 있으므로 '미간행'은 학술지에 게재하지 않았음을 의미한다고 볼 수 있다.

② 학위논문을 바탕으로 작성하여 학술지에 게재한 논문이 존재할 경우 해당 학위논문보다 학술지 논문을 참고하는 것이 바람직하다.

③ 'OO대학교' 대신 'OO대학교 대학원'을 기입하는 경우가 있는데 단순히 대학원이라고 기입할 것이라면 언급을 생략한다. 왜냐하면 학위논문이 대학원에서 작성되는 것은 당연한 사실이며, 우리나라가 따르는 미국심리학회의 참고문헌 양식에서도 대학원을 기입하지 않기 때문이다. 하지만 본 저자는 'OO대학교 OO대학원'의 기입을 허용한다.

④ 학위논문, 대학교명 순으로 기입해야 하는 것을 대학교명, 학위논문 순으로 기입하지 않도록 주의한다. 또한 대학교명과 학위논문 사이에 콤마 대신 점을 기입하지 않도록 주의한다.

⑤ 다른 논문에 인용된 연구를 직접 참고한 것처럼 인용하면서 그 논문의 참고문헌 정보를 그대로 옮겨 쓰는 경우가 있다. 하지만 참고문헌이 양식에 맞지 않게 기입된 경우가 있기 때문에 다른 논문의 참고문헌 양식을 그대로 옮겨 쓴다면 논문의 참고문헌 양식이 일치하지 않는 문제가 발생한다.

2. 외국 논문

① 석사논문

저자(년도). *논문제목*. Unpublished master thesis, 대학교명.

② 박사논문

저자(년도). *논문제목*. Unpublished doctoral dissertation, 대학교명.

Jones, D. E. (1999). *Relationship between degree of sport participation and satisfaction among sport center members*. Unpublished master thesis, University of Texas, Austin.

◆ **유의사항**:

① 위에서 Austin시가 기입된 이유는 학교명의 일부이기 때문이다.

② 제목은 첫 단어와 단체(국가)명을 제외하고 소문자로 기입한다.

③ 제목에서 ":" 전후에 나타나는 내용의 첫 단어를 대문자로 기입한다.

참고문헌: 학술대회 자료집

1. 국내 자료집

저자명(년도). 논문제목. **XX학술대회 논문(자료)집, 권번호**, 쪽범위.

김종규(2002). 월드컵의 경제 효과. **한국스포츠산업경영학회 간담회 자료집, 3**. 127-140.

2. 외국 자료집

저자명(년도). 논문제목. *Proceedings of ~ Congress, 권번호*, 쪽범위.

Park, E. K. (2002). Economic benefits from the 2002 World Cup. *Proceedings of the Seoul Sport Science Congress, 3*, 127-140.

◆ **유의사항**: Congress는 Conference, Forum, Seminar일 수 있다.

참고문헌: 일반 서적

1. 국내 서적

저자1, ..., 저자n(발행년도). **제목**. 발행시: 출판사.

강상조(1994). **체육연구방법**. 서울: 21세기 교육사.
문명상, 최영길, 장준섭, 나수균, 김광원(1991). **골다공증**. 서울: 대경사.

2. 외국 서적

저자1, ..., & 저자n(발행년도). *제목*. 발행시: 출판사.

Jones, R. D., & Smith, S. N. (1993). *~~~~~영문제목~~~~~*. Boston, MA: Fitness Information Technology.
Nunnally, J. C. (1967). *Psychometic theory*. New York: McGraw-Hill.

◆ **유의사항**:
발행시가 유명도시가 아닌 경우 주까지 약자로 기입한다.
예) Park, J. C. (2000). *영문제목*. Cerritos, CA: McGraw-Hill.

참고문헌: 개정판 서적

1. 국내 서적

저자1, ..., 저자n(발행년도). **제목** (#판). 발행시: 출판사.

박세혁, 전호문, 김용만(2001). **스포츠마케팅** (2판). 서울: 학현사.

2. 외국 서적

저자1, ..., & 저자n(발행년도). *제목 (#판)*. 발행시: 출판사.

Min, S. C., & Smith, J. W. (2012). *영문제목* (3rd ed.). New York: McGraw-Hill.

◆ **유의사항**:

① 참고문헌 양식은 일반서적과 같다.
다만 계정판을 나타내는 괄호가 삽입된다.

② 1판 = 1st ed. 2판 = 2nd ed.
3판 = 3rd ed. 4판 = 4th ed.

③ 괄호 안에 있는 ed 뒤에는 반드시 점이 있다.

④ **ed**와 **Ed**를 혼동하여 사용하는 경우가 있다.
ed가 개정판(edition)을 의미한다면 **Ed**는 편집자(editor)를 의미한다.

참고문헌: 번역 및 단체발행 서적

1. 한글로 번역한 서적

원저자(번역출판년도). 제목 (번역자 역). 발행시: 출판사 (원서출판년도).

Assael, H. (2006). *소비자행동론* (김성환, 박민석, 정용길, 조봉진, 황의록 역). 서울: 한티미디어 (원서출판 2004).

2. 단체(연구기관, 정부기관 등)가 발행한 서적

① 국내 서적

단체명 (년도). **제목**. 발행시: 저자.

체육과학연구원. (2012). **체육백서**. 서울: 저자.

② 외국 서적

단체명 (년도). *제목*. 발생시: 저자.

Ministry of Culture, Sport and Tourism. (2012). *Sport white paper*. Seoul: Author.

◆ **유의사항**: 단체명을 저자로 기입하고 출판사를 '저자'로 기입한다.

참고문헌: 편집 서적

1. 편집된 서적

① 국내 서적

편집자(편)(발행년도). **제목**. 발행시: 출판사.

최기은, 김종진(편)(2002). **스포츠마케팅 사례**. 서울: 상징사.

② 외국 서적

편집자1, ..., & 편집자n(Eds.) (발행년도). *제목*. 발행시: 출판사.

Brown, R. S., & Smith, B. C. (Eds.). *Sport management case studies*. Austin, TX: Travis.

◆ **유의사항**:

① 편집자를 저자와 유사한 양식으로 기입한다.

② **Ed**는 편집자가 한 명, **Eds**는 편집자가 2명 이상임을 나타낸다.

2. 편집된 서적에서 발췌한 장

① 국내 서적

발췌한 장의 저자(년도). 발췌한 장의 제목. 편집자 (편), **편집된 서적의 제목** (pp. #-#). 발행시: 출판사.

장동립(2010). 스포츠인사관리 사례. 홍준기, 김동철 (편), **스포츠 마케팅 사례** (pp. 21-30). 서울: 상징사.

◆ **유의사항**: 위 예시를 통해 홍준기와 김동철이라는 사람들이 '스포츠마케팅 사례'라는 제목의 책을 편집하여 2010년에 출판하였고, 그 내용의 일부로 장동립이라는 사람이 '스포츠인사관리 사례'라는 제목으로 쓴 글이 참고 되었음을 알 수 있다.

② 외국 서적

발췌한 장의 저자(년도). 발췌한 장의 제목. 편집자1 (Ed.), In *편집된 서적의 제목* (pp. #-#). 발행시: 출판사.

발췌한 장의 저자(년도). 발췌한 장의 제목. 편집자1, 편집자2 & 편집자2 (Eds.), In *편집된 서적의 제목* (pp. #-#). 발행시: 출판사.

Brown, S. A. (2011). 장의 영문제목. In S. Y. Kim & I. G. Park (Eds.), *편집 서적의 영문제목* (pp. 156-170). Hillsdale, NJ: Erlbaum.

◆ **유의사항**:

① 발췌한 장의 저자는 일반 서적과 유사하게 성, 이름 이니셜 순으로 기입하지만 편집자는 이름 이니셜, 성 순으로 기입한다.

② 2명 이상의 저자일 경우 '**&**' 앞에 콤마가 나타나지만 2명 이상의 편집자일 경우 '**&**' 앞에 콤마가 나타나지 않는다.

③ 발췌한 장의 제목은 보통 글체로 기입하지만 편집한 서적의 제목은 이탤릭체로 기입한다.

④ **Ed**는 편집자가 한 명, **Eds**는 편집자가 2명 이상임을 의미한다.

⑤ **p**는 한쪽을 의미하고 **pp**는 여러 쪽을 의미한다.

참고문헌: 잡지, 신문

1. 잡지

① 국내 잡지

저자명 (발행년도, 발행일자). 기사제목. **잡지명, 권번호**, 쪽범위.

정희윤 (2001, 4. 16). 스포츠에이전트. **스포츠비지니스, 262**, 34-39.

② 외국 잡지

저자명 (발행년도, 발행일자). 기사제목. *잡지명, 권번호*, 쪽범위.

Jones, M. I. (2003, March 2). 영문 기사제목. *Newsweek, 542*, 55-60.

◆ **유의사항**: 외국 잡지의 경우 10월을 October로 기입한다.

2. 신문

1) 기자명이 기입되었을 경우

① 국내 잡지

기자명 (발행년도, 발행일자). 기사제목. **신문명**, p. #.

정제호 (2002, 2. 13). 월드컵의 경제효과. **매일경제**, p. 34.
손창기 (2002, 2. 13). 월드컵의 경제효과. **매일경제**, pp. 34, 42.

② 외국 잡지

기자명 (발행년도, 발행일자). 기사제목. *신문명*, p. #.

기자명 (발행년도, 발행일자). 기사제목. *신문명*, pp. #, #.

Smith, C. (2013, September 15). ~~~영문 기사제목~~~~~. *The Washington Post*, pp. A1, A4.

2) 기자명이 기입되지 않았을 경우

① 국내 잡지

기사제목. (발행년도, 발행일자). **신문명**, p. #.

월드컵의 경제효과. (2002, 2. 13). **매일경제**, p. 34.

② 외국 잡지

기사제목. (발행년도, 발행일자). *신문명*, p. #.
기사제목. (발행년도, 발행일자). *신문명*, pp. #, #.

~~~~~~~~~기사 영문제목~~~~~~~~~~~. (1999, April 15). *The New York Times*, p. A12.
~~~~~~~~~

참고문헌: 연구보고서, 인터넷 자료

1. 연구보고서

1) 연구자가 기입되었을 경우

저자명 (년도). **보고서 제목**(출판물 고유번호). 발행시: 출판기관명.

홍길서 (2002). **월드컵의 경제 효과**. 서울: 문화관광부.

2) 연구자가 기입되지 않았을 경우

출판기관명 (년도). 제목(출판물 고유번호). 출판도시: 저자.

문화관광부 (2002). **월드컵의 경제 효과**. 서울: 저자.

◆ **유의사항**: 외국 연구보고서일 경우 제목은 이탤릭체로 기입한다.

2. 인터넷 검색자료

글쓴이 (년도, 일자). 글제목. **웹사이트명**. 검색일자, 인터넷주소.

정연화 (2012, 2. 22). 최고기온 1℃ 오르면 프로야구 게임당 관중 95명↑. **오마이뉴스**. 2014년 3월 15일 검색, http://news.naver.com/news_list.php?section=sports.

Brown, A. T. (2014, March 3). ~~~~~~영문제목~~~~~~~~. Retrieved April 9, 2014, from http://news.naver.com/news_list.php?section=sports.

설문지: 장단점과 문항유형

1. 설문조사의 장점

① 익명성을 보장하기 때문에 민감한 질문을 보다 솔직하게 응답하도록 한다.
② 면접조사보다 비용이 상대적으로 저렴하다.
③ 적은 시간에 많은 사람들로부터 응답자료를 얻을 수 있다.

2. 설문조사의 단점

① 응답 회수율이 낮을 수 있다.
② 응답자가 성의 없게 응답할 수 있다.

3. 설문지의 문항유형

1) 선다형 문항

귀하는 어느 과에 소속되어 있습니까?
① 체육 ② 사회체육 ③ 레저스포츠 ④ 건강관리

2) 개방형 문항

요구되는 답의 길이에 따라 단답형 아니면 서술형이라고도 한다.

귀하는 학교의 매점을 평균 주 몇 회 이용하십니까? 평균 주( )회

3) 5점 Likert 척도 문항

귀하는 학교의 매점에 대해 얼마나 만족하고 있습니까?
① 매우 불만족 ② 불만족 ③ 보통 ④ 만족 ⑤ 매우 만족

설문지: 문항내용의 선정

1. 보통 설문지 항목을 개별적으로 분석하지 않는다. 오히려 통계분석을 통해 다수 항목을 소수 요인으로 분류한 다음 그 요인들을 토대로 기타 분석을 실시한다.

   예) 스포츠센터의 서비스품질은 지도자, 프로그램, 시설에 대한 평가로 이루어질 수 있다. 이 경우 지도자, 프로그램과 시설에 대한 평가는 각각 2개 이상의 항목을 토대로 이루어진다. 따라서 설문지 작성 시, 살피고자 하는 요인에 중점을 두고 항목들을 선정하는 것이 바람직하다.

2. 특정 변인의 측정 항목은 유사 변인에 대해 조사한 선행연구에서 찾을 수 있다. 다만 선행연구의 설문지 사용이 여러 연구자에 의해 반복되면서 기존 설문지들이 많이 비슷할 수 있다.

3. 유사변인에 관한 2개 이상 설문지의 항목들이 다를 경우 연구자는 자신의 의도와 가장 가까운 내용을 지닌 설문지를 사용하거나 각각의 설문지에서 적합한 내용들을 고르고 통합할 수 있다.

4. 연구자는 선행연구에서 사용한 설문지 문항을 그대로 사용해야 하지 않는다. 보편적으로 선행연구에서 사용한 문항들을 연구의 목적에 맞게 수정 및 보완한다.

5. 보완할 부분은 몇몇 연구대상을 면담함으로써 발견할 수 있다.

설문지: 문항 수

1. 총 문항 수에는 제한이 없다. 다만 문항이 너무 많으면 응답자들이 거부감을 느낄 수 있다.

2. 선정한 항목은 연구자가 의도하는 요인으로 분류되지 않을 수 있다. 그러므로 요인별로 항목을 3개 이상으로 구성할 것을 제안한다. 이는 한 개 항목이 의도한대로 분류되지 않아도 다른 2개 항목이 의도한대로 분류되어서 원하는 요인을 확보하기 위해서이다.

◆ 유의사항

① 연구자는 시설이용 편리성, 가입 편리성, 이동 편리성의 3개 항목이 편리성이라는 공통요인으로 분류될 것을 기대할 수 있겠지만, 결과로 시설, 가입과 이동은 관련성이 없다고 나타날 수 있다.

② 설문지에 많은 문항을 포함시키고 나중에 일부를 제거하는 것은 가능하지만 설문지 문항수를 적게 하고 추가하는 것은 불가능하다.

3. 각각의 변인은 일정한 문항 수로 구성하지 않아도 된다. 즉, 변인 A는 4개 문항, 변인 B는 7개 문항, 변인 C는 6개 문항으로 구성될 수 있다.

설문지: 문항의 번호 매기기

1. 요인별로 번호 매기기

요인별로 질문을 하고 번호를 매기는 경향이 있다. 예를 들어, 상의변인1을 측정하는 5개 문항을 1부터 5까지 번호 매기고, 상위변인2를 측정하는 6개 문항을 1부터 6까지 번호 매기는 경향이 있다.

문제는 응답을 SPSS 데이터 파일에 입력하는 과정에서 각각의 문항을 가장 잘 나타내는 용어를 개별적으로 입력하지 않는 한, 화면에 나타나는 변인명은 var00001, var00002, var00003 일 것이다. 이 경우 설문지 가운데에 나타나는 상위변인2의 6개 문항이 설문지의 몇 번째 문항인지를 구분하기 어렵다.

2. 설문지 시작부터 끝까지 번호 매기기

설문지의 모든 문항을 1부터 번호를 매기는 것이 분석 용이하다. 따라서 상위변인2의 6개 문항이 24번부터 30번 문항에 해당한다면, 데이터 파일에서 var00024부터 var00030을 선택하여 분석을 실시할 수 있다.

설문지: 일반 질문양식

1. 원 문자 조각을 사용한다.

선다형과 리커트 척도의 문항을 선정할 때 각각의 응답을 '원 문자 조각'으로 구분한다. 이는 자료 코딩 과정에서 응답을 수치로 입력하는 것이 용이해지기 때문이다.

바람직하지 않은 양식

귀하는 학교의 매점을 일주일에 몇 번 이용하십니까?
가. 전혀　나. 1회　다. 2-3회　라. 4-5회
가) 전혀　나) 1회　다) 2-3회　라) 4-5회
(　) 전혀　(　) 1회　(　) 2-3회　(　) 4-5회

바람직한 양식

귀하는 학교의 매점을 일주일에 몇 번 이용하십니까?
① 전혀　② 1번　③ 2-3번　④ 4-5번

2. 문항들을 문항간 붙이지 않는다.

바람직하지 않은 양식

1. 귀하는 학교의 매점을 일주일에 몇 회 이용하십니까?
   ① 전혀　② 1회　③ 2-3회　④ 4-5회
2. 귀하는 어느 과에 소속되어 있습니까?
   ① 체육　② 사회체육　③ 레저스포츠　④ 건강관리

문제: 설문지가 산만하게 보여서 응답자에게 거부감을 줄 수 있다.

<u>**바람직한 양식**</u>

1. 귀하는 학교의 매점을 일주일에 몇 회 이용하십니까?
   ① 전혀 ② 1회 ③ 2-3회 ④ 4-5회

2. 귀하는 어느 과에 소속되어 있습니까?
   ① 체육 ② 사회체육 ③ 레저스포츠 ④ 건강관리

3. 질문은 간략하게 한다.

특히 중복되는 말을 읽고 또 읽는 불편을 덜어준다.

<u>수정 전</u>	<u>수정 후</u>
귀하의 성별은 무엇입니까?	귀하의 성별은?
귀하의 연령은 무엇입니까?	귀하의 연령은?

설문지: 개방형 문항의 유의사항

가급적이면 아래와 같은 개방형 문항을 이용하지 않는다.

귀하가 이용하는 스포츠센터의 문제점은 무엇입니까?

1. 개방형 문항의 문제점

① 귀찮아서 응답을 회피하는 응답자가 있을 것이다.
② 인지하는 여러 문제점 중 한 두 개만 기입하는 응답자가 있을 것이다.
③ 이미 알고 있는 내용만 기입할 수 있다.
④ 코딩이 복잡하다.
예) 만약 A, B, C, D, E, F 라는 문제점이 기입되었다면, 코딩은 마치 아래와 같은 문항이었던 것처럼 접근해서 처리해야 한다.

귀하가 이용하는 스포츠센터의 문제점은 무엇입니까?
① A ② B ③ C ④ D ⑤ E ⑥ F

2. 개방형 응답의 개선방법

만약 연구자가 A, B, C, D의 문제점을 인지하나 그 이외 다른 문제점이 있는가를 확인하고 싶다면 문항은 다음과 같이 설정한다.

귀하가 이용하는 스포츠센터의 가장 큰 문제점은 무엇입니까?
① A ② B ③ C ④ D ⑤ 기타( )

◆ **유의사항**: 필요시 답을 직접 기입할 수 있도록 공간을 넉넉하게 제공한다.

설문지: 선다형 질문의 유의사항

1. 한 문항에 두 가지 항목에 대해 질문하지 않는다.

바람직하지 않은 양식

직원의 서비스는 신속하고 친절했습니까?　예　아니오

문제: 직원은 친절(신속)하지만 신속(친절)하지 않을 수 있다.

바람직한 양식

직원의 서비스는 신속했습니까?　예　아니오

직원의 서비스는 친절했습니까?　예　아니오

2. 수치로 답하는 질문일 경우 평균 수치를 질문한다.

바람직하지 않은 양식

귀하의 스포츠센터 주 이용횟수는?

문제: 회원이 매주 일정한 횟수로 스포츠센터를 방문하지 않을 수 있다.

바람직한 양식

귀하의 스포츠센터 주 평균 이용횟수는?

① 월 4회 이하　② 월 5-8회　③ 월 9-11회　④ 월 12회 이상

3. 답이 반드시 있도록 한다.

바람직하지 않은 양식

귀하는 주 평균 몇 분 동안 운동하십니까?
① 1시간 ② 2시간 ③ 3시간
문제: 만약 답이 1시간 30분이라면 답이 없다.

바람직한 양식

귀하는 주 평균 몇 분 동안 운동하십니까?
① 1시간 미만 ② 1-2시간 미만 ③ 2-3시간 미만 ④ 3-4시간 미만

4. 가능한 답이 두 개 이상 없도록 한다.

바람직하지 않은 양식

문항: 귀하의 월 평균 소득은?
① 100만원 이하 ② 100-200만원 ③ 200-300만원 ④ 300만원 이상
문제: 응답이 100만원이라면 1번과 2번으로 응답할 수 있으며, 200만원이라면 2번과 3번으로 응답하고 300만원이라면 3번과 4번으로 응답할 수 있다

문항: 귀하의 월 평균 소득은?
① 100만원 이하 ② 200만원 이하
③ 300만원 이하 ④ 400만원 이하
문제: 100만원은 1, 2, 3, 4번의 응답에 포함된다.

바람직한 양식

귀하의 평균 월 소득은?
①100만원 미만 ② 100-200만원 미만

③ 200-300만원 미만　④ 300만원 이상

5. 달리 해석될 수 있는 단어의 사용을 피한다.

바람직하지 않은 양식

귀하는 외식을 **자주** 하십니까?

문제: '자주'가 주 몇 회 이상이라는 기준이 사람에 따라 다르다.

바람직한 양식

귀하는 평균 주 몇 회 이상 외식을 합니까?

① 1~2회　② 3~5회　③ 6~10회　④ 11회 이상

설문지: 리커트 척도의 유의사항

1. 부정, 긍정 순으로 응답을 기입한다.

매우 부정(1점), 부정(2점), 보통(3점), 긍정(4점), 매우 긍정(5점) 순으로 척도를 구성한다. 이는 점수가 높을수록 긍정적인 것으로 해석하기 위해서이다.

예를 들어, 시설만족도의 평균이 4.6이고 지도자만족도의 평균이 3.7이라면 4.6이 3.7보다 더 높기 때문에 시설만족도가 지도자만족도보다 더 높다고 해석하는 것이 합리적이다.

2. 응답이 대체로 긍정적일 경우 7점 리커트 척도를 사용한다.

응답이 대체로 긍정 아니면 부정일 경우 상대적 차이를 구분하기 위해 다음과 같은 7점 Likert 척도를 사용할 수 있다.

매우 부정(1점), 많이 부정(2점), 약간 부정 (3점), 보통(4점),
약간 긍정(5점), 많이 긍정(6점), 매우 긍정(7점)

3. 여러 Likert 척도 문항을 사용할 경우 공통 척도를 이용한다.

바람직하지 않은 양식

1. 귀하 센터의 프로그램은 얼마나 재미있습니까?
① 매우 재미없다 ② 재미없다 ③ 보통
④ 재미있다 ⑤ 매우 재미있다

2. 귀하 센터의 프로그램은 얼마나 다양하십니까?
① 매우 다양하지 않다 ② 다양하지 않다 ③ 보통
④ 다양 ⑤ 매우 다양

3. 귀하 센터의 프로그램은 얼마나 체계적입니까?
① 매우 비체계적 ② 비체계적 ③ 보통
④ 체계적 ⑤ 매우 체계적

바람직한 양식

1. 귀하 센터의 프로그램은 재미있습니까?
① 매우 그렇지 않다 ② 그렇지 않다 ③ 보통
④ 그렇다 ⑤ 매우 그렇다

2. 귀하 센터의 프로그램은 다양합니까?
① 매우 그렇지 않다 ② 그렇지 않다 ③ 보통
④ 그렇다 ⑤ 매우 그렇다

3. 귀하 센터의 프로그램은 체계적입니까?
① 매우 그렇지 않다 ② 그렇지 않다 ③ 보통
④ 그렇다 ⑤ 매우 그렇다

4. 공통 척도를 이용할 경우 문항을 다음 양식으로 기입한다.

	매우 그렇지 않다	그렇지 않다	보통	그렇다	매우 그렇다
프로그램이 재미있다	1	2	3	4	5
프로그램이 다양하다	1	2	3	4	5
프로그램이 체계적이다	1	2	3	4	5

◆ **유의사항**: 위 양식에서 3개 문항은 3개 줄을 차지하지만, 이전에 기입한 양식에서 3개 문항은 9개 줄을 차지한다. 그러므로 위 양식은 설문지의 쪽수를 최소화함으로써 인쇄비를 절감할 뿐만 응답자의 심리부담을 덜어준다.

5. 문항을 간략하게 한다.

모든 항목이 프로그램에 관한 것이라면, 응답자에게 프로그램에 관한 것이라고 강조하고 문항마다 기입하는 것을 생략한다.

	매우 그렇지 않다	그렇지 않다	보통	그렇다	매우 그렇다
~~프로그램이~~ 재미있다	1	2	3	4	5
~~프로그램이~~ 다양하다	1	2	3	4	5
~~프로그램이~~ 체계적이다	1	2	3	4	5

항목	매우 낮다	낮다	보통	높다	매우 높다
흥미성	1	2	3	4	5
다양성	1	2	3	4	5
체계성	1	2	3	4	5

6. 질문의 방향을 일치시킨다.

바람직하지 않은 양식

	매우 그렇지 않다	그렇지 않다	보통	그렇다	매우 그렇다
재미있다	1	2	3	4	5
다양하지 않다	1	2	3	4	5
체계적이다	1	2	3	4	5

바람직한 양식

	매우 그렇지 않다	그렇지 않다	보통	그렇다	매우 그렇다
재미있다	1	2	3	4	5
다양하다	1	2	3	4	5
체계적이다	1	2	3	4	5

7. 질문의 표현 방식을 일치시킨다.

바람직하지 않은 양식 (바람직한 양식은 바로 위에 나타나 있다)

항목	매우 그렇지 않다	그렇지 않다	보통	그렇다	매우 그렇다
흥미롭다	1	2	3	4	5
다양성	1	2	3	4	5
체계성	1	2	3	4	5

8. 상위요인별로 척도를 구분한다.

아래 표 양식에서 나타나는 '학교체육'과 '외부활동'과 같이 기입한다.

질 문		매우 불만	불만	보통	만족	매우 만족
학교체육	1. 매트운동(구르기)	①	②	③	④	⑤
	2. 뜀틀운동	①	②	③	④	⑤
	3. 줄넘기	①	②	③	④	⑤
	4. 축구	①	②	③	④	⑤
	5. 피구	①	②	③	④	⑤

외부활동	6. 스키, 스노우보드	①	②	③	④	⑤
	7. 등산	①	②	③	④	⑤
	8. 눈썰매	①	②	③	④	⑤
	9.문화체험	①	②	③	④	⑤
	10. 공연관람, 영화관람	①	②	③	④	⑤

영문초록

1. 영어로 abstract라 한다.

2. 들어 쓰기 하지 않고 한 개의 단락으로 작성한다.

3. 연구목적을 말한다.

① The purpose of this study was to ________
이 연구의 목적은 무엇이었다.

② This study was aimed to ________
이 연구는 무엇을 목적으로 하였다.

◆ **유의사항**: 목적은 ‘is to’ 가 아닌 ‘was to’ 이다.

4. 목적을 명확하게 기입한다.

① 위 ______에 들어가는 내용은 흔히 ‘동사 + 논문제목’이다.

② 동사는 흔히 다음과 같다.

identify	확인하다, 밝히다
determine	명확히 하다, 결정하다. 측정하다
examine, investigate	조사하다. 살피다
develop	개발
explore	알아보다, 탐구
analyze	분석

③ 논문제목은 흔히 다음과 같다.

예1) 독립변인에 따른 종속변인의 차이
...difference in the 종속변인 according to 독립변인

예2) 독립변인이 종속변인에 미치는 영향
...influence of 독립변인 on 종속변인
...affect of 독립변인 on 종속변인

◆ **유의사항**:
① influence는 주로 성격, 행동 및 사고에 미치는 간접적인 영향을 의미하며, affect는 직접적인 영향을 의미한다.

예1) She was **influenced** very much by her father
그녀는 아버지로부터 많은 영향을 받았다.
예2) High calory food intake **affects** a person's weight.
고칼로리 음식의 섭취는 체중에 영향을 미친다.

② 흔히 effect와 affect를 혼동하여 사용하는 경우가 많은데 affect는 미치는 영향이라면, effect는 미친 영향에 의해 나타난 결과를 의미한다.

예1) The **affect** of high calory food intake on a person's weight.
고칼로리 음식의 섭취가 체중에 미치는 영향
예2) The **effect** of high calory food intake on a person's weight
고칼로리 음식의 섭치가 체중에 미치는 효과

5. 연구대상을 기술한다.

기술방법은 다양하다. 그 중 한 가지 방법은 다음과 같다.

1) 양식

In order to achieve this purpose, a total of 몇 명 선정집단 were selected as study participants from 몇 곳 선정장소 in the 선정지역 using the 표본추출방법 sampling method.

2) 양식의 사용

In order to achieve this purpose, a total of 200 members were selected as study participants from 10 sport centers in the Seoul and Gyonggi area using the convenience sampling method.

◆ **유의사항**: 연구대상이나 선정장소를 기술할 때 선정조건(예, 대상-연령, 장소-규모)도 같이 기술한다.

예) A total of 200 members were selected.

→ A total of 200 **female** members **with at least a three months registration period** were selected...

예) 10 sport centers

→ 10 **large-scale private** sport centers

6. 사용한 조사도구, 통계프로그램 및 분석방법을 제시한다.

1) 양식 1

The instrument for data collection was a questionnaire, and 분석방법들 were conducted on the data using the program name (version) statistical package program.

2) 양식 2

The instrument for data collection was a questionnaire, and program name (version) statistical package program was used to conduct 분석방법들 on the data.

3) 양식 2의 사용

The instrument for data collection was a questionnaire, and descriptive analysis, exploratory factor analysis, one-way ANOVA, correlation analysis, and multiple regression analysis were conducted on the data using SPSS Window Version 11.0.

◆ **유의사항**:

① SPSS는 Statistical Package for Social Sciences의 약자이다.
② 스포츠경영 분야에서는 SPSS 또는 AMOS 통계 패키지 프로그램이 흔히 사용되고 있다.
③ 각각의 분석방법은 analysis로 표현하지만 여러 가지 분석방법을 의미할 경우에는 analyses로 표현한다.

7. 연구결과를 말한다.

1) 양식 1

The followings are the results: First, ~. Second, ~. Third, ~. Fourth, ~.

2) 양식 2

The results are as follows: First, ~. Second, ~. Third, ~.

8. 연구결과를 기입한다.

1) one-way ANOVA

변인 1에 따라 변인 2에 유의한 차이가 나타났다.

변인 2 differ significantly according to 변인 1.

2) 다중회귀분석 결과

변인 1, 변인 2, 변인 3은 언급 순으로 변인 4에 정적 영향을 미친다.

변인 1, 변인 2, 변인 3 significantly affect 변인 4 with a magnitude of the listed order.

3) 단순회귀분석 또는 구조방정식분석 결과

변인 1은 변인 2에 정적 영향을 미친다.

변인 1 significantly and positively affects 변인 2.

변인 1과 변인 2의 관계에서 변인 3은 매개효과가 있다.

변인 3 has a significant mediator effect within the relationship between 변인 1 and 변인 2.

9. 주요어(Keywords)를 기입한다.

저자소개

◆ 학력

학사 University of Texas at Austin (경영학 전공)
석사 Purdue University (경영학 전공)
박사 United States Sports Academy (스포츠경영학 전공)

◆ 현 주요경력

한국체육대학교 레저스포츠학과 교수
한국스포츠산업경영학회 부회장
한국스포츠산업협회 이사
대한줄넘기총연맹 회장
대한장애인체육회 이사
대한컬링경기연맹 이사

◆ 연락처

연구실 (02) 410-6878
E-mail syk420@hanmail.net

연구논문 작성법

초 판 1쇄 인쇄 — 2014년 6월 5일
초 판 1쇄 발행 — 2014년 6월 10일
지은이 — 김 수 잔
펴낸이 — 전 두 표
펴낸데 — 도서출판 **두남**
서울시 강동구 성내로6길 34-16 두남빌딩
신고 : 제25100-1988-9호
TEL : (02) 478-2066, 2067
FAX : (02) 478-2068
E-mail : dnbooks@dunam.co.kr
http://www.dunam.co.kr

정가 15,000원

ISBN 978-89-6414-524-1 13800